福…日本をもっと元気にする

アイドル力《りょく》2

IDOL POWER 2

今木清志

元テレビ朝日プロデューサー
西日本短期大学教授
メディア・プロモーション学科長

みらい PUBLISHING

未来はきっと。

西短MP学科 さくら組

元気になろう！

私たちと

西短MP学科 さくら組

チームさくらんぼ

とステージへ!?

今Pもアイドル

Show must go on!

撮られるのって、嬉しくてドキドキ！

CHU
して
バーン
して!

かぜ組

いろんなこと、やってみたい

そら組

はな組

みんながいるから

ほし組

ここから、未来へ！

To the next stage...

アイドル力できっと大丈夫！

福岡発！　西短MP学科が日本をもっと元気にする

アイドル力2

IDOL POWER 2

元テレビ朝日プロデューサー
西日本短期大学教授
今木清志

みらい
PUBLISHING

はじめに

「大学でアイドルを育てる」ってどういうこと？

大学でアイドルの何を学ぶの？
どんな人が学生たちを指導するの？

「大学でアイドルを育てる」と聞くと、そんな疑問を持つ人も多いでしょう。
たしかに、華やかなエンタメの世界と、机に向かう座学の地味なイメージはつながらないでしょう。しかし今や、教室に座ってノートをとる受け身の授業だけが、学びのスタイルではありません。

数年前から様々な教育機関がアクティブラーニングを取り入れ始めたように、実践の学びが重視されています。体感で得られることは、一つの知識を頭に入れるその何十倍もの価値があるとも言えるでしょう。

私は現在、九州は福岡の、西日本短期大学メディア・プロモーション学科で、学科長を務め、教授として学生たちにメディア論などを教え、同時にアイドルや女優などエンターテインメントの世界を目指す学生たちの養成をしています。

入学した学生たちは、実際に社会の一角で舞台に立つことで、自分たちのエンターテインメントの表現が人々にどう映るのか、どんな影響を与えるのか、肌で感じとります。それにより「アイドル」などの表現活動が、華やかなだけでなく、なぜ「華やか」なのか、笑顔の威力が何なのか、人前に立って表現する存在とは何なのかを体感します。

学校という学びの場所だからこそ、学生たちは「エンタメ」や「アイドル」がもたらす影響を客観的に学び、自分自身をどう見せるか、どう見られているかを知り、そうしてどのように、社会、地域、応援してくださる方々と関わるべきかを学ぶのです。

私は、学生たちを導く仕事はなんて尊いのだろうと思います。

高校を卒業したばかりの学生が入学し、やがてさまざまな経験と知識を身につけて卒業するときには、目を見張るように成長した姿があるのです。
彼らの成長は、同時に私をはじめ教員や大人たちにとっての学びにもつながっています。

積み上げてきた努力は裏切らない

エンターテインメントの世界は実力主義です。選ばれる人がいれば選ばれない人もいます。アイドル活動でも、誰かが目立つセンターに立ち、その一方、脇で踊る人がいます。どれだけ見た目を整え、ダンスや歌の練習を積み重ね、輝きを見せることができるのかが勝負。それでも持って生まれた個性や、成長スピードが違うので、同じだけ努力したライバルに負けることもあります。

それでも、やはり努力を積み上げ続けることができるかどうか、ということが、自身の未来に大きな影響を与えるのだと、私は思います。

なぜ私が大学教授としてエンターテインメント業界を目指す学生たちを育成しているのか、その経緯は前作『アイドル力』にもつづっています。
東京の民放テレビ局のプロデューサーとして30年以上、ドラマなどを制作してきた私は、大きな病気を経験したのをきっかけに大学教授へと転身しました。そのとき強い思いがあったのです。

これまで自分が経験したことを、若い世代に「伝えたい」と。

ただその一つの衝動にしたがったのです。
一見華やかなテレビというメディア業界にいたので、「とても優秀な才能をお持ちなんですね」と言われることもありますが、自分としてはそんなことはなく、ただひたすら努力をしてここまできたと感じています。

裕福な家庭でもなくごく普通の一般家庭に生まれた私は、テレビ画面に映る「フィクションの世界」にひかれ、クリエイティブな作品を生み出して感動を与える存在になりたい一心で、必死に勉強しました。一浪しながらもなんとか難関の大学に入学でき、演劇も学びました。就職活動ではテレビ局だけに絞り込んで、ドラマなどの研究を重ね、念願のテレビ局に就職できました。

大学やテレビ局では、生まれたときから自分とは別世界の恵まれた環境で育ってきた人が多いと感じたこともあります。かといって特に理不尽を感じなかったのは、負けたくないというより、むしろ「努力してここまできた」という自負があったからかもしれません。

ひたすら積み上げてきた努力こそが、今の自分を支えているのです。

アイドル活動など様々な活動の中で、センターになれない人、選抜メンバーに選ばれない人は、悔しい思いをするかもしれません。

その結果に、今の自分を知るのです。ときには嫉妬や不安に負けそうになる、それさえも学びなのです。

どんな生い立ちや状況、背景があっても、どんな結果を迎えたとしても、**積み重ねる努**

力から、必ず次の道が見つかると信じています。

現実はテレビよりドラマチック！

テレビ局時代、アシスタントディレクターという現場の下積みからはじめ、やがてプロデューサーとして念願のドラマを制作するようになったときは、本当に幸せでした。けれど長く続いた日々は、形を変えます。制作現場を離れ、現場を管理する業務をすることになったのです。

そんなとき、心筋梗塞で倒れました。

このとき朝から調子が悪いと感じつつも、忙しく働いている同僚の誰にも助けを求めることができませんでした。私はひとりで病院へ行き、ドラマさながら、ストレッチャーで手術室に運ばれました。

私にとっては、テレビドラマよりドラマチックな運命でした。

このとき感じた、このままでは終われないという焦燥感、自分が積み重ねてきた経験や学びを若い世代に受け継ぎたいという想いこそが、私を生かしたのかもしれません。

2作目となるこの本では、前作を通じて広がったご縁や、前年度よりパワーアップした学生たち、また私自身の活動を通じた新たな想いをお伝えします。

福岡からのエンタメ発信という視点で、学生たちの姿、対峙する大人たちの想いを描くことで、不景気やコロナ禍で心が疲弊した人や、そこから立ち上がる力を求める人たちに、何らかのきっかけや元気をお届けできれば幸いです。

もちろん、これからアイドルを目指す人、アイドル活動をしていても何かが足りないと感じている人、そしてエンターテインメントの舞台に立ち、人々に元気を与える側になりたい若者たちや、エンターテインメント作品を生み出す制作側になりたい若者たちにもぜひ読んでもらいたいです。

さらには地方自治体や地域の民間企業、専門学校や大学のような教育機関の関係者の方々には、市場や社会に向けた新たな情報発信、ひいては日本の地方創生にも役立つ力としての「アイドル力」を知っていただきたいと考えています。

アイドル力2　目次

第1章　進化するアイドル力!

第2章

今P流アイドル力

第3章

福岡発！　拡大する「アイドル力」

第4章

アイドル力の未来

進化するアイドル力！

第1章

毎年新曲を発表！　アイドル活動ができる短大でエンターテインメントを学びつくす

『アイドル力』の出版から1年。私が西日本短期大学メディア・プロモーション学科（通称、西短MP学科）の教授になって4年目を迎えました。

この1年で、卒業生を送り出し、新入生を迎え、学生の半分が新しいメンバーに。学科でも新しい取り組みを始め、さらに進化しています。

西日本短期大学メディア・プロモーション学科に入学すると、学生たちは［アイドル］、［演劇］、［声優］、［シンガー］、［制作］などの専門分野のユニットに所属します。

どのユニットに所属したいかは、入学時にアンケートをとります。

なるべく学生が挙げた希望を尊重しつつ、適性なども考慮して決定します。

中には、アイドルユニットに所属しながら演劇ユニットにも所属するなど、2つのユニットを兼任する学生もいます。

メディア・プロモーション学科では、１年を通し、学科ライブ、配信ライブ、卒業公演など、さまざまなイベントを行います。アイドルユニット、演劇ユニット、声優ユニット、シンガーユニット、制作チームが力を合わせて完成させていきます。

学科には４つのアイドルユニットが存在します。

優美で大人っぽい「はな組」。可愛らしいイメージの「かぜ組」。かっこいいダンスで魅せる「ほし組」。元気なパフォーマンスの「そら組」です。

４つのユニットを合わせた二十数名のアイドルユニット全体の総称が「西短ＭＰ学科さくら組」で、毎年新曲を発表し、ミュージックビデオをプロさながらに制作しています。アイドルユニット全体から７人のメンバーを選抜し、「西短ＭＰ学科さくら組」として外部のライブやイベントにも出演しています。

「今Ｐ天才！」　さくらの妹はさくらんぼ♪
新たな選抜ユニットが誕生！

２０２３年、メディア・プロモーション学科に新たな選抜ユニット「西短ＭＰ学科さくら組【チームさくらんぼ】」が誕生しました。

それまでは、選抜「西短ＭＰ学科さくら組」の７名のみが選抜ユニットとして、外部のライブなどに出演してきました。

今回、新たに、妹ユニットとして、別の７名で新選抜ユニットを結成。学外での活動を開始しています。

結成に至ったのは、２０２３年４月に入学した新入生たちの意欲の高さを感じたことがきっかけでした。

年度末に毎年行っている「卒業公演」に、入学前に鑑賞しに来た新入生や、中学生の頃からプロのアイドルとして活動していた新入生などが入学し、より多くの学生が、学外で活動を行う機会を持てるようにしたいと考えたのです。

ネーミングを考え、「さくら組の妹だからさくらんぼ」と、一緒にアイドル活動を担当している先生に伝えると、「かわいい！　今木先生、天才！」と盛り上がりました。

こうして、２０２３年からは、選抜「西短ＭＰ学科さくら組」の７名に加えて、「西短ＭＰ学科さくら組【チームさくらんぼ】」の７名が地域に飛び出しています。

学科初！　1年生をセンターに抜擢

「西短MP学科さくら組」は、毎年新曲を1曲発表しています。私がプロデューサーとしてコンセプトを決めた上で、プロの方に作詞・作曲をお願いし、学生たちの歌をレコーディングして、Spotify や Apple Music などで配信。また、学生たちの出演で、プロの映像制作者と一緒にミュージックビデオも制作し、公開しています。

２０２３年発表の新曲は『未来はきっと。』。

そのセンターを務めたのは、入学したばかりの1年生でした。彼女は、中学の頃からアイドル活動を行い、ダンス、歌唱、プロ意識などアイドルとしての基盤がすでにそろっていました。彼女のパフォーマンスを見ると、誰もが納得せざるを得ないような輝きがありました。

ただ、2年生にしてみれば、入学したばかりの1年生がセンターになることには、複雑な思いがあったかもしれません。しかし、芸能の世界では普通にあること。この学科の学生たちはそのことをわきまえていると思います。

そして、リーダーに任命した2年生には、リーダーの役割とセンターの役割は異なることを説明し、リーダーがチームをまとめていくことの大切さを理解してもらいました。

センターに任命した1年生には、

「センターとはフォーメーションの立ち位置のひとつ。決してリーダーではない。今まで頑張ってきた先輩をリスペクトする気持ちを忘れてはいけない」

と、リーダーを中心としたチームワークを大事にするよう話しました。

こうして、新生「西短ＭＰ学科さくら組」がスタートしたのです。

学生アイドルから本当のアイドルへ

この学科の教授に就任してから、これまでに卒業生を３回送り出し、現役で活動をしているアイドルは10名を超えました。

２０２３年春には、現在、福岡ご当地アイドルとして活動している松本かりんが卒業。ずっと憧れだった「博多ORIHIME」に、卒業前から加入し、新メンバーとして地元の人々に可愛がってもらっています。

ほかにも、女優として東京や福岡の舞台に立つ者、テレビの制作スタッフとして働く者など、卒業生が多方面で活躍しています。

プロのアイドルから学生アイドルへ

2023年4月に、中学時代からプロとしてアイドルグループに所属し、リーダーも務めた学生が入学しました。

メディア・プロモーション学科には、これまでにも在学中に、プロとしてアイドル活動をしていた学生はいましたが、現役アイドルとしての外部での活動のため、短大でのアイドル活動はできませんでした。

しかし、今回、元プロのアイドルが学科のアイドルユニットで活動することになりました。これはメディア・プロモーション学科として初めてのことでした。

今Pと私たち
お互いに本気だから本気で返す

福岡ご当地アイドル「博多ORIHIME」メンバー　松本かりん

×

西日本短期大学メディア・プロモーション学科長　今木清志

今P×現役アイドル卒業生対談

@西日本短期大学・第1スタジオ

【松本かりん　プロフィール】

北九州市出身。西日本短期大学メディア・プロモーション学科2023年3月卒業。卒業前の2022年12月に「博多ORIHIME」に加入しアイドルデビュー。

今木：かりんさんは今、福岡ご当地アイドルの「博多ORIHIME」に所属していますが、アイドルやエンタメの仕事をしたいと小さい頃から決めていたの？

かりん：そうですね。テレビの前で歌ったり踊ったり、人前に出ることも好きだったので、芸能関係に進みたいとは思っていました。ＡＫＢ48の大島優子さんに憧れて、「ヘビーローテーション」を完コピして、家族の前で踊っていたんです。それはもう毎日。小学校3、4年の頃かな。

今木：この大学を目指そうと思ったのはそのあたりがきっかけになっているの？

かりん：メディア・プロモーション学科は、いろんな勉強ができるのでずっと注目していました。アイドルにもなりたいし、アニメが好きなので声優にもなりたいと思っていたんです。専門学校はどれかひとつのことしか学べないけれど、この学科は、芸能のいろいろなジャンルを学びながら進路を考えられる最高の場所だ！　と思いました。オープンキャンパスに参加してみて、即決しました。

今木：ダンスは子どもの頃から習っていたの？

かりん：小学生の頃、初めて「やってみたい」と思ったのがダンスでした。小さい頃から、ひとつのことにがんばりきれない子どもでしたが、ダンスはがんばれて、ヒップホップのダンススクールを中1まで続けて、ダンス部のある高校に進学しました。でも、めちゃくちゃ強豪校で、レベルの高い高校だったんです。

　私はそれまでゆる～っと楽しんでいたから、部活のみんなが目指してる目標についていけませんでした。「二度とダンスはやらない」と決めて、高2に上がったときに退部しました。大会で賞を取った子もいて。ダンスに対する熱量も技術的にもレベルが違っていたんです。生まれて初めて挫折を味わいました。

挫折したことが私の強みだと気づいた

今木：そんな経験をしたのに、芸能を学ぶこの学科に入学したのはなぜ？

かりん：当時、私はアニメも好きだったので、両親にずっと「声優になりたい」って言ってたんです。アイドルを目指せば、やらないと決めたダンスが必須ですし、自分には無理だと思っていましたから。

　でも本当は、どこかにアイドルに憧れる気持ちを持ち続けていたんですよね。だから両親に内緒で受験したんです。合格して初めて両親に伝えました。最初は驚いていましたが「かりんのやりたいことなら、頑張り」って応援してくれました。

　ただ、入学直後にまた迷いました。学科内の志望ユニットのアンケートがあるんですが、「アイドルを希望するか」という欄の回答を、締め切りギリギリまで「はい」と「いいえ」を行ったり来たりしながら「どう

しよう」って悩んで。最後の最後に「はい」を選びました。ここでダンスをもう一度やってみて、ダメだったらキッパリやめる。最後のリベンジにしようと思いました。

今木：入学後は、ダンスが得意でカッコイイK-POPも踊るユニット「ほし組」所属になったよね。2年ではユニットをまとめるリーダーにもなった。やってみてどうだった？

かりん：はじめは「待って!!　どうしよう!?」って葛藤もありました。でもアイドルを目指すかと聞かれて、「はい」を選んだのは私だし、「やるかぁ！」と気合を入れました。

高校のダンス部時代は、私がみんなの足を引っ張っているんじゃないかって勝手に悩んで、落ち込んでいたんですね。でも、ここでの私はダンス経験者としてみんなを引っ張らないと、と考えたとき、**私の強みは、高校のときに挫折したことだって気づいたんです。**

苦しいときはどう声をかけてほしかっただろうとか、何ができなくてこの子は焦ってるんだろうとか、むちゃくちゃ考えました。でもそうやってむちゃくちゃ考えているうちに、「できない」というネガティブでいっぱいだった気持ちから、いつのまにかポジティブになることができたんだと思います。

「西短MP学科さくら組」時代の松本かりん。小学生のとき習い始めたヒップホップが、今の自分へと導いてくれた！

今木：ダンスでの挫折はリベンジできた？

かりん：この学科で「アイドルになれるかも」と思えるようになって、「西短ＭＰ学科さくら組」の選抜メンバーにはなれたんですが、そこでは別の子がセンターになったんですよね。それで一度は心が折れたんです。

　でもＡＫＢ48の前田敦子さんがセンターのとき、大島優子さんがセンターじゃなくても輝く存在になれたことを思い出して、「いや、まだいける！」「センターじゃなくてもできることはある！」ってモチベーションに変えることができました。それから家で猛特訓。私は「西短ＭＰ学科さくら組」の大島優子さんになれたでしょうか？

今木：なれたと思うよ。センターにいなくても、どの位置にいても、人の目をひきつけるものがあるよね。

お互い遠慮しなかったから いいものができた

今木：２年間の学生生活で印象に残ったことはなんですか？

かりん：やりたかったことはアイドルと声優でしたけれど、なんでも経験させてもらえたこと自体が本当にありがたかったです。

今木ゼミでは１年を通して、今木先生のプロデュースのもとで、脚本・出演・撮影・編集などすべてを学生で分担して、１本のドラマを作りますよね。

体調を崩してあまり参加できなくなった子がいたり、芸能活動が忙しくなった子がいたりして、なかなか思うようにいかなかったけど、そのたびに、じゃあどうしようって、話し合うことで進められたと思います。

今木：ゼミの課題としては一度完成したドラマを、卒業前の「お別れ会」での上映に向けて、「仕上がりが満足できないから、作り直したい」と、かりんさんを含めて3人の学生が言ってきたよね。そこから1か月で作品を作り直したね。

3人それぞれからシーンごとに「できました、どうですか?」「ここはこうしたほうがいいですか?」とLINEで動画を送ってきてアドバイスを求めてきて。それも夜中や休日に（笑）。クオリティを上げたいという思いだから、私も真剣にアドバイスをしました。

かりん：でも実はあの頃、昼間授業を受けたあと夜まで「博多ORIHIME」のレッスンを受けて、夜に自宅で編集作業をしていました。1日24時間では足りないくらい精一杯だったのに、編集した動画を送ったら、先生から「ここはもうちょっとこうしたほうがよくなるよ」って返信が来て泣きそうでした。

でも一回完成したドラマを作り直したいと

撮られる側から撮る側へ、違う立場を経験することでわかることもある。

言ったのは自分たちだし、夜遅くに送信しても先生が真剣に見てアドバイスしてくれているから、それに応えられる編集をしなきゃいけないとも思いました。「なんでわかってくれないの」と言いたくなるときもあったけど、やり通そう！　と頑張りました。

今木：学生たちが自発的に「いいものを作りたい」って言って始めたことなのに、私が「もうそれくらいでいいよ」なんて中途半端なところで妥協したら意味がないからね。それならこちらも手を抜かないぞ、と。

かりん：今木先生が本気で向き合ってくれて、お互いに遠慮しなかったから、いいものができたと思います。マンガを基に私が脚本を書いた学科ライブの演劇では、先生が実際に原作のマンガを買って読んで、真剣にアドバイスしてくれましたよね。

今木：学生が本気だから、こちらも本気で返せるんだよね。これは本当に嬉しいことなんですよ。そういう制作の大変さを経験したことは、今のアイドルとしての姿勢にも影響していると感じますか？

かりん：どれだけの人がこの場を用意してくれて、ステージに立っている瞬間も、どれだけの人が照明や音響の調整などをしてくださっているのか、想像できるようになりました。いろんな方の力があってこそ、私たちの「今」があるんだって、毎回ステージに立つたびに思います。だから関わってくれる全員の仕事が評価されるような、いいパフォーマンスをしなくちゃと思うようになりました。

誰かの人生の1ページに
名前を残せるアイドルになりたい

今木：「博多 ORIHIME」への加入はどういう経緯で決まったの？

かりん：入学したときからずっと「声優になりたい」と言っていたんですが、それは「アイドルになりたい」と言うのが恥ずかしかったからなんです。周りにも家族にも言えていませんでした（笑）。

　でも2年になり、進路相談で、先生と1対1で話したとき「実はアイドルになりたいです」って初めて言えたんです。「『博多 ORIHIME』に入りたい」とも話しました。

入学直後にあった、「博多ORIHIME」リーダーの白石ありささんの特別授業を受けたときから、すごく憧れていたんです。

私は地元、福岡が大好きだし、「博多ORIHIME」かっこいい！　とずっと思っていました。グループに入りたい、と口にしたことで、とんとん拍子に話が進んだんです。

今木：じゃあ、ただアイドルになりたいというより、「博多ORIHIME」の一員になりたかったんだね。

かりん：「博多ORIHIME」しかないと思っていました。

夢が動きだした瞬間！　特別授業のときに撮ってもらった、白石ありささんとの2ショット写真は、一生の宝物。

今木：12月のデビューライブは本当に感激しました。「あのかりんが立派になって」って（笑）。「博多 ORIHIME」に加入して1年。プロとして活動してどうですか？

かりん：西短ではアイドルだけでなく脚本や編集などいろんなことをさせてもらえましたが、今はいい意味でひとつに集中できています。ダンスや歌のクオリティなど、どれもレベルアップできることが楽しいです。課題は、フリートークが上手くないことかなあ。

今木：一緒にラジオの生放送に出たけど、元気でポジティブで、周りにいる人を明るくするトーク力があると思うよ。ほかに課題はある？

かりん：「博多 ORIHIME」の魅力は、先輩みんなの個性の強さだと思うんですね。その中で何ができるのか、私の魅力は何なんだろうかと、まだ模索中です。これまでは「元気」なところが私の魅力だと思っていたんですが、先輩たちはもっと「元気」なんですよ（笑）。じゃあ、私の個性をどう出していくのか。

今木：かりんさんは、入学のときと卒業のときでは、別人かと思うほど成長したと思うよ。

自分の弱さも認めて、諦めずにいつも明るく前向きに頑張ったよね。

かりん：ありがとうございます。でもね、入学してしばらく、私、今木先生に名前を覚えてもらえなかったんですよ！

今木：え？　そうだった？

かりん：はい。同級生の子を見て、「この子はセンターになるんだろうな」とか「この子は先生たちに期待されてるんだろうな」とか、わかるんですよね。そんな目立つ子が多い中で、私は名前すら覚えてもらえなくて、悔しすぎて。まず先生に覚えてもらえる存在にならなくちゃ、と思ったのを覚えています。

今木：入学したときにはたしかに目立ってはいなかったけどニコニコしていて、手助けしてあげたくなる子だなと思ったよ。

入学して最初の授業で、関連作品としてあるドラマを紹介したんだけど、かりんさんが「見たい」と言ってくれたんだよね。入学早々そんなことを言った学生は珍しいからよく覚えてる。感想文もしっかり書いて提出して。それが印象に残っています。

かりん：それも……、本当は名前を覚えてほしかったからなんですよ（笑）。初めての授業で、どうやったら私の名前を覚えてもらえるだろうって考えて。もちろんそのドラマに興味があったのも本当ですけど。

今木：初耳！　あれで名前を覚えたよ。作戦成功だね。それってアイドルへの道としても大切だよね。いいアピールだよ。それ以来、私の授業を全部受けているよね。

かりん：全部受けました。ゼミも含めて。ほとんど休んでない。本当に楽しかったし、次はどんな授業だろうって楽しみでした。ドラマの制作現場の話とか、聞きたくてたまらないお話ばかりでした。

今木：私の経験は授業ですべて伝えたいし、それを吸収してくれると嬉しい。かりんさんのような学生がいてくれるとやりがいがあるよ。こうして話を聞いていても、成長の実りが大きいと感じる。それはポジティブな姿勢を持っているからだと思う。負けず嫌いでもあるしね。天性のものと努力の賜物《たまもの》と、両方を持ち合わせているよね。

かりん：はじめは謎の自信があったのに、理想と現実の落差によく落ち込んでいました。そしてまた理想を見つめ直して、壁を越えて、の繰り返しでやってきましたね。

今木：最後に、松本かりんさん、これからどんなアイドルになりたいですか？

かりん：「博多ORIHIME」の活動で、ファンの人に「今」を楽しんでほしいです。少しでも「明日も頑張

博多織を取り入れた衣装と博多弁を使った歌で元気を振りまく、福岡ご当地アイドル「博多ORIHIME」。夢を叶えて新しく加入した松本かりん（右端）。「アイドル、楽しすぎます！」

ろう」って思ってほしい。そんな力を与えられる存在になりたいです。

最初は坂本龍馬になりたいくらいの気持ちだったけど（笑）、今は、教科書に載らなくてもいいから、誰かの人生の1ページに名前を残せるような人になれるといいな。

今木先生にはとても感謝しています。この本をきっかけに、先生と西短がもっと盛り上がってくれたら嬉しいです。

学生時代の2年間は感謝しかありません。ここに来なければ経験できないことを、プロレベルでぶつかってくださったから、今の私があると思っています。本当にありがとうございました。

アイドルから女優へ！芸能活動を基礎から学びたい

大分ローカルアイドル「SPATIO」元リーダー　松本奈々

×

西日本短期大学メディア・プロモーション学科長　今木清志

今P×元プロアイドル新入生対談

@西日本短期大学・第1スタジオ

【松本奈々　プロフィール】

西日本短期大学メディア・プロモーション学科2023年4月入学。中学1年から高校1年まで大分を拠点にしたアイドルグループ「SPATIO」で活動。入学と同時に「西短MP学科さくら組」のセンターに抜擢。

今木：奈々さんは、中学の頃から大分でアイドル活動をしていたけど、アイドルになろうと思ったきっかけはなんだったの？

奈々：中学1年生のとき、地元のお祭りで、事務所の方が「アイドルやってみない？」と声をかけてくださったんです。最初は見学だけ行ってみようと思いました。行ってみたら初めて見る世界で、練習しているみんながキラキラしていたんです。それまでは吹奏楽をやっていたんですが、楽器を演奏するだけでも大変なのに、歌いながら踊ったり笑ったり、一度にいくつものことをやっているアイドルってすごい。私もやってみたいなと思ったのがきっかけでした。それから3年ちょっと、高校1年の夏くらいまで続けていました。

今木：どんな活動をしていたの？

奈々：「SPATIO」というグループで2017年にデビューしました。主に大分と福岡のイベントやお祭りに呼んでいただき、土日は福岡にもよく来ていたんですよ。

当時、メンバーの変動が多くて、多いときで5人、少ないときは2人のときもありました。競争の世界でしたね。メンバー内の仲は良かったけど、悔しいこととか伝わらないこ

「SPATIO」9期生としてデビュー。ニックネームは「なぁちゃん」。特技はなんと、書道7段！（15歳の頃）

ともあった。でもファンの人がいてくれる大切さがあったから頑張れました。

今木：特に思い出に残るイベントってある？

奈々：「東京アイドルフェスティバル」という全国のアイドルにとって憧れの大会の、九州ブロックの予選です。優勝すると東京・お台場の全国大会に進出できるんです。

私がプロデューサーに「予選に出たいです」と言ったら、「メンバーを説得したら出てもいいよ」って言ってくれたので、メンバーと話し、了解をもらいました。

出場まで1か月と時間がない中、新曲も作って新しいフォーメーションも決めて、死に物狂いでみっちりレッスンしました。

九州ブロックはレベルが高いから、1か月間でレベルを上げるのは難しかったんですが、ファンの人も応援してくれて準優勝。優勝したかったから悔しかったけど、あの1か月、一心不乱に頑張ったことは、一生の思い出になると思います。毎日レッスンをして、でもうまくできなくて悔しくて泣く。そんな濃い1か月でした。

今木：プロ意識だね。そのプロ意識はいつから芽生えたの？

奈々：中3の頃までは先輩がいて、私はついていく感じだったんですが、先輩が

16歳のとき。「SPATIO」を卒業するまで、9代目リーダーとして活躍。歌唱力が高く主要パートを担当することが多かった。

卒業して私がリーダーになったとき、今まで以上に「ちゃんとしないと」と考えるようになりました。リーダーが「ちゃんとしてる」グループは、やっぱりいいグループだと思うんです。

それまでもプロ意識はあったのですが、リーダーになって、より強く思うようになりました。

パフォーマンスで応えなきゃと気合が入りました

今木：「SPATIO」をやめて、西短に入ろうと思ったきっかけは？

奈々：やめたあとも芸能活動は続けていたんです。いろんなオーディションを受けて、ミュージックビデオや短編映画に出させてもらったりしていました。

高校卒業前に進路を決めるにあたり、「自分が今まで頑張ってきたことはなんだろう」と考えてみると、勉強でも部活でもなく、やっぱり芸能活動だと思ったんです。

東京に出るという選択肢もあったのですが、もうちょっと基礎を固めてからのほうがいいんじゃないかと思って、西短に入学しました。

メディア・プロモーション学科ではいろんな芸能のことを専門的に勉強でき、卒業すれば短大の卒業資格がもらえるので、2年間はみっちり勉強しようと思いました。

先生方は、学生一人一人のことをよく見てくださいますし、「何かあればなんでも相談して」って言ってくださるからすごく過ごしやすい環境です。すべて基礎から教えてもらえるから、未経験の人にもいい学科だと思います。

今木：奈々さんが入学してすぐ、「1年生だけどセンターにしたい」と話したよね。プロとして活動してきた実績と輝きを感じて抜擢しました。

奈々：最初は「私が？」って思いました。でもこういう世界って「先輩後輩」より、実力を見せないといけないから、先輩方に納得してもらえるように私はパフォーマンスで表現していこう、と思い直しました。

期待されている分、頑張ろうって、気合が入りました。

今木：子どもの頃好きだったアイドルは？

奈々：いないんです（笑）。アイドルに興味がなかったので、自分がアイドルになってからも憧れのアイドル像を作れていないんです。

今木：でも、自分がアイドルをやっていると、アイドルの見方も変わってくるでしょう？

奈々：そういう意味ではお手本にしていた人はいます。元「モーニング娘。」の佐藤優樹（まさき）さん。普段はふんわりした印象なのに、ライブになるとキレキレのダンスで、かっこいいんです。そのギャップが好き。

私もそんなギャップがほしいんですけど、

作れなかった。いつも「奈々ちゃんらしい」って友だちに言われます。

今木：学科で奈々さんが所属するアイドルユニットはクールなダンスも得意な「ほし組」。ギャップが作れているんじゃない？

奈々：笑顔でも真顔でもない顔でキメて、クールに踊っています。表情の研究が課題ですね。きりっとしたり、にやっとしてみたり（笑）。

今木：自分ではどんな性格だと思う？

奈々：めちゃくちゃ目立ちたがり屋です。中学の頃から生徒会の役員に立候補していました。中3のときにみんなでミュージカルをやることになったんですけど、「主人公やりたい！」って手を上げるタイプ（笑）。知られたい、見られたい、ほめられたい。

今木：ミュージックビデオを海辺で撮影したとき、海辺で水をかけ合う撮影では最終的に海に首までつかってた（笑）。触発されて先輩もつかっちゃって。そういう場の和ませ方はさすがだなと思いました。その場を弾けさせてくれる空気を持っている。

奈々：ちょっと芸人志向があるのかも（笑）。

今木：私の授業では、講義のあと「リアクションペーパー」に感想などを書いてもらってるけど、奈々さんは時々いいことを書いてくる。「勉強は得意じゃない」って言うけど、本質をつかめる学生という印象です。将来がまだ明確ではないかもしれないけど、何かに定めたら、これまでの蓄積や学びを積み重ねてきっと成し遂げる人だと思ってます。

奈々：アイドルは20歳までと決めていて、将来は女優を目指して演技の道に進みたいです。

どんな仕事も知性と教養が大切
芯のある女性になりたい

今木：これまでの私からの教えはどうでしたか？

奈々：今木先生の授業はとても楽しいです。映像を使っていろいろなことをわかりやすく教えてくださる授業で、リアクションペーパーに質問したら、次の週の授業でちゃんと答えてくださるし、きめ細かい授業を作ってくださっています。

今Pは、今のメディア・プロモーション学科を作ってくださった、なくてはならない存在。いつもいい声かけをしてくださいます。

私たちが悪さをしたときも、怒るというより「こういうときはこうしたほうがみんなのためだよ」と諭してくれるので、学生のためを思って言ってくださるのが伝わってくる。きっとすごく怒っておられるときも、感情的にならないですよね。感情的に怒られたら嫌な気持ちだけが残るけど、今木先生のように「これはこういうことなんだよ」って語りかけられるほうが、私たちには刺さります。

今木：怒るというより、「伝えたい」と常々思っているから伝わるように話しています。

奈々：よく伝わります。

今木：あと1年半の学生生活をどう過ごしたい？

奈々：「西短ＭＰ学科さくら組」をもっと多くの人に知ってもらいたいです。全国どこを探しても、短大で、アイドル活動があって新曲を出せてミュージックビデオを撮れるところは珍しいし、表現の勉強ができる貴重な学科だと思います。私たちがもっとＰＲしていけたらと思うし、地元のイベントにももっと出たいし、発信もしていきたいですね。

今木：新曲の『未来はきっと。』は、奈々さんたちが入学して間もなくレコーディングがあって、奈々さんには落ちサビ（歌の最後のほうで、演奏の音量を下げて、ボーカルのみで表現する部分）を任せた。その経験ってどうだった？

「西短 MP 学科さくら組」で活躍中。入学してからも、毎日 SNS でファンにメッセージを届けています。応援してくれる方たちがいるからがんばれる！

奈々：レコーディングは初めてではなかったんですが、すごく久しぶりで緊張しました。落ちサビの大切なところをいただいて、今木先生の「切ないけど、力強く」というイメージを表現できるように何度も何度も歌ってみたのですが、「切ない」の表現がなかなかできませんでした。「切ない感じ」と言われると最初は声のトーンを弱くしてしまったんです。この曲に切ない感情を乗せるというのが、どうしたらいいのか……。「切ない」という感情を漠然と想像することしかできなくて。

それで、歌詞を読み込んで、この人物を自分に置き換えるとどんな気持ちなんだろうって考えて歌うとＯＫが出ました。

今木：主人公になりきって、歌詞の世界に入り込まないと表現できないからね。自分の感情を歌に乗せるのは正解だよね。

奈々：表現者として、台本があれば必ず台本は読み込む。読み込んで自分がその立場になって考えることが、やっぱり感情を入れやすい方法なのかなと思います。

今木：奈々さんみたいに女優を目指す人は、ただ演技の勉強をするだけじゃなく、教養がないとダメだ、と、授業でもよく言うんだけど、この学科で講義をしていただいた行定勲監督も同じようなことを言われていて、女優にとって必要なのは「知性」とおっしゃった。
知性や教養がないと監督の言っている真意がわからない。台本の真意もそう。奈々さんが歌詞を読んで理解しようとしたことは、そういうことなんですよね。

奈々：芸能界じゃなくても、**どんな仕事でも知性と教養が必要**ですよね。そして何か一つ芯がある女性になりたいです。目標と実行力のある女性になりたい。いろいろな経験をいっぱいして、そんな女性になっていければいいですね。

今木：ご家族も応援してくれていますか？

奈々：母は昔から、「あなたがやりたいことをやりなさい」と言ってくれるので、「アイドルやろうかな」と言ったら「いいやん、奈々がやりたいことなら。応援すると」って言ってくれています。何をするにも応援してくれる母なんです。
自分より演技や歌が上手い人がたくさんいる現実に「はあ～、私、東京に行って女優になれるんかな」と自信をなくしていたときも、「奈々は奈々やけん。奈々の良さをわかってくれる人は必ずおるから自信を持ちなさい」と言ってくれる。そんな母の言葉に自信をつけられています。

母は看護師で、強くてポジティブなんです。女手ひとつで私と妹を育ててくれて、疲れてるところは私たちにはあまり見せなくて、本当にかっこいい。尊敬できる人です。あんな母親になりたい。

今木先生にも芸能の世界で役に立つ心構えや教養の基礎を学ばせていただいて、すごく感謝しています。先生の「期待している」という言葉を励みにこれからも頑張りたいです。

今木：奈々さんをはじめこの学科の学生たちには独特の活気ややる気があるからね。これからもいろいろな機会を用意しているからチャンスをつかんでほしいと思っています。

第2章

今P流
アイドル力

教育者、著者、演者として表現したい

今Pにもアイドル力は必要！

前作の出版後、取材を受けたり、テレビやラジオに、著者という立場で出演させていただいたりする機会が増えました。また、出版記念ライブなどで「西短ＭＰ学科さくら組」や、他のアイドルグループと一緒にステージに立つこともあります。

そんな中、気づいたことがあります。

「アイドル力」が必要なのは、何もアイドルだけではない、ということです。

私が思うに、アイドル力とは、

・人にポジティブな影響を与えられる

・一緒にいる人が楽しくなる

・周りを元気にする

そういう力ではないでしょうか。私のような教員も、プロデューサーも、そのほか、さまざまな指導的な立場をとる人、モノを作る人、モノを売る人、大人も子どもも、すべての人に「アイドル力」は必要なのかもしれません。毎日関わり合う人の励みになること。「アイドル力」は不安の多い現代にこそ必要なのです。

私も、アイドルたちと立場は違いますが、多少なりとも表舞台に立つ者として、エンターテイナー性のあるふるまいや、当意即妙なトークが求められます。その点について、私自身、まだまだ「アイドル力」を向上させなければなりません。

ふたつの「P」

学生たちや、福岡ご当地アイドルの白石ありささんなどが私のことを「今P」と呼んでくれることがありますが、この「P」には、2つの意味があります。

「プロデューサー（Producer）」のPと、「教授（Professor）」のP。まさに今の私の状況を表現したニックネームです。
「教育者として若者たちに自分が学んできたことを受け継ぎたい」という思いが中心にありますが、今の私は、先生として、そしてエンターテインメントを発信する者として、２つの側面があります。

毎年新入生が入学するたびに、「この学生たちが卒業するまで私が教えられることはすべて教え、彼らがどんな進路に進むにしても夢を叶えてほしい」と願います。その２年間を、学生たちと全力で過ごしたいのです。

その一方で、私自身がクリエイターとして、まだまだやり遂げたい思いもあります。実際に九州から日本全国へ、そして世界に向けてエンターテインメントを発信しているクリエイターはたくさんいらっしゃいます。彼らに続くように、今できること、目の前のことに精いっぱい取り組んでいます。

講義が「生放送番組」で「連続ドラマ」で「ライブ」である理由

学校で講義をすることは、私が若い頃ディレクターとして演出にたずさわったテレビの生放送とよく似ています。

講義は90分という時間の中で、あらかじめ決めた内容を伝えなくてはいけません。私の講義では、その日のテーマに合うドラマや映画、ドキュメンタリーなどの映像作品を細かく分けて見せ、それぞれの映像の前後に解説を行います。テレビの情報番組などでVTRを見せ、その前後にトークをする……、まさに生放送の番組作りと同じなのです。

時間内に内容を過不足なく紹介するために、事前に「トーク①10分」「映像①7分」「トーク②15分」「映像②8分」……など、90分の講義全体の時間配分をします。そのうえで、トークの時間が押した場合などは、映像を流している間に次のトークの時間を調整し、時間配分を修正していきます。この緊迫感のある進行もテレビの生放送と同じ。

また、講義の構成という点では、ドラマの制作にも似ています。連続ドラマの各回それぞれに見せ場があるように、毎回の講義で、知識を伝えるだけではなく、感動とともに何か心に残るものを伝えています。そして全15話の連続ドラマ全体のストーリーを構成するように、全15回の講義を通して一つの大きなテーマを伝える構成にしています。

目の前にいる学生たちに直接伝えるという点では、演劇やライブのステージにも似ています。例えるなら、一人で何役も務める一人舞台。

舞台公演では、生の観客の反応は毎回異なります。仮に同じ演目の再演であっても、ステージに立つ側も常に新鮮な気持ちでパフォーマンスします。

授業も同じで、私の講義にグッと関心を

テレビ朝日時代に制作したドラマを教材に使用。プロデュースした経験は学生の心にどう活かされるのか。

寄せている学生、理解を深めてくれた学生……、そして退屈そうな学生がいたら興味を引くように努め、リアクションを受け止めながら、その日限りの新鮮なライブを届けるつもりで講義しています。

私にとって、講義は生放送であり、目の前の観客に向けたライブであり、全15話の連続ドラマでもあるわけです。私が積み上げてきた、様々な経験やキャリアを総動員した講義と言えるのかもしれません。

私がメディア業界で身につけてきた学びが、感動とともに学生たちに届き、教養として心に残ってくれることを願って、今日も教壇に立っています。

人から人へ、アイドル力は五感で感じとる

出版記念ライブや、テレビ局での番組出演など、学生アイドルたちと一緒にステージに立つ機会は増えています。

もちろん、私自身が歌ったり踊ったりするわけではありません。しかし、周りはみんな

アイドルという状況。私は教授だからと、素のままでいるわけにはいかないのです。学生たちと同じテンション、雰囲気で臨まないといけません。

ステージでは、ハリのあるトーンで、「こんにちは〜！」と登場する。見ている人も気分が良くなるような挨拶をする。テレビ出演の前には、共演者の方と雑談などをして、なごやかに話す時間を作る。アナウンサーの方とは、テレビ局にいたときのことなど共通の話題で交流する。そうして本番に向かいます。今何が必要か、いつも意識しています。

学校では、たとえばイベントが始まる前や、終わって講評をするときなど、ことあるごとに「先生から一言」という場面があります。これから新しいことを始める学生たち、あるいは反省点を活かして次に進んでいく学生たちの、モチベーションを最大限に上げていく使命が、「先生から一言」には必要です。

新しいことを始めるときにはやる気が出るように、講評をするときには改善点が前向きに伝わるように。最終的に目指すのは、みんなのモチベーションが上がり、「がんばろう」と思えるようになることです。

アイドル力で誰もが人生を楽しく

私のようにアイドルと一緒にステージに立つ機会はなくても、人の集まりで話す機会など、様々な場面で人をひきつける力が必要になるのではないかと思います。

大勢の人を楽しませたり、癒したり元気にする。そんな「アイドル力」は、誰にとっても日常を豊かにするための鍵にもなります。

私にとっては、テレビ局のプロデューサー時代がまさにそのような状況でした。

プロデューサーは、キャストやスタッフが集まる顔合わせや、打ち上げなど、挨拶をする場面が多く、その度にみんなのモチベーションを上げるのも役割のひとつでした。

これから番組制作が始まる、というときは、「さあ、頑張ろう」「一緒にやっていこう」と士気を高め、打ち上げでは「おつかれさま」と労をねぎらう。制作中にトラブルがあったときは、落ち込みそうな空気の中、「大丈夫、きっとうまくいきます」と、たくさんの人を鼓舞する。仮に自分が落ち込んでいたとしても、現場の空気を前向きに作っていくこともプロデューサーの役割だったのです。

思えばプロデューサー時代にも「アイドル力」を使っていたのですね。


しかし私の本来の性格は、生真面目で、情熱は内に秘めるタイプです。どちらかというとアイドルとは真逆。それでも「アイドル力」は使えるのです。

人のモチベーションを上げたり、チームの意識をまとめたりするとき、「アイドル力」を意識してみると、きっと効果があるはずです。**誰もが自身の「アイドル力」を追求することで、人生はもっと面白くなるのかもしれません。**

「魅せる」ために遠慮なんてしてはいられない

テレビ番組制作の経験が役に立った例があります。

ＦＢＳ福岡放送の『めんたいワイド』というテレビ番組に、「西短ＭＰ学科さくら組」のメンバーと一緒にスタジオ生出演したときのことです。

事前に台本のチェックを求められた際、撮影の指示記号が目に入りました。「z.i.」（ズーム・イン）、「z.o.」（ズーム・アウト）など、カメラで出演者をどう撮るかを記したものを見ると、学生たちがコメントしている長い時間、私が手に持っている『アイドル力』の本のアップになると気づいたのです。

限られた出演時間の中で、生出演している学生たちを活かしていただきたいと考え、打ち合わせ時に撮り方の変更を提案しました。

番組の制作側としては、いちゲストにそのような提案をされるのは想定外だったでしょう。しかし私としても、スタジオに「西短ＭＰ学科さくら組」選抜メンバーを連れてきているのですから、遠慮をしている場合ではありません。何より、せっかくの番組出演をより良いものにしたい、という想いがありました。

テレビ出演に限らず、表現をより良くするための提案は、遠慮しないようにしています。さまざまな意見を出し合うことこそ、モノ作りに不可欠だと思っているからです。

「表舞台に立つアイドルは、見る人に笑顔と勇気、元気を与えるもの」

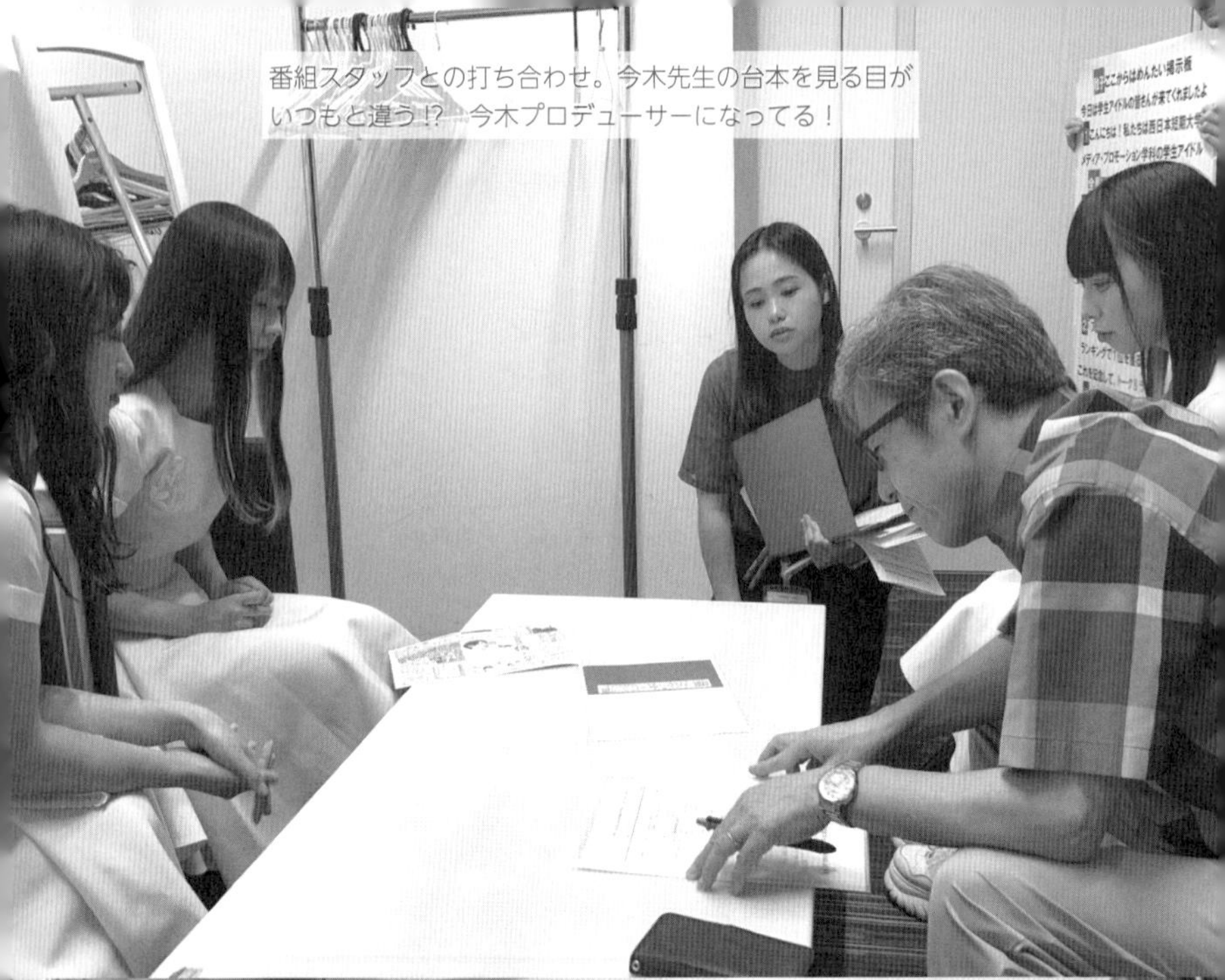

番組スタッフとの打ち合わせ。今木先生の台本を見る目がいつもと違う!? 今木プロデューサーになってる！

FBS 福岡放送『めんたいワイド』生出演。「笑顔だよ！」といつも学生たちに言うけれど、「カメラ目線で笑顔」はなかなか緊張モノ。

私は常々、学生たちにそう伝えています。

そのためには、自分たちが見る側にどう映り、どう見られるのかを考えた上で、自らを「どう『魅せて』いくのか」、そこまで意識してほしいと思っています。

私がこうして人の前に立ち、講義のときとは違う、私自身を積極的に表現する姿、周囲と意見を交わす様子、そういったものを学生に見せることも、学びになればと思います。

「今P」にも、アイドル力は必要なのです。

教授としてプロデューサーとして伝えたい

一度幕があがったら「Show must go on」

私と「西短MP学科さくら組」に千葉テレビから出演依頼がありました。

『魚住りえのカイシャを伝えるテレビ』という番組で、私はゲストとして千葉のスタジオに。「西短MP学科さくら組」は福岡の学校からZoomで中継を結んでの出演でした。

ところが収録時、福岡側で流す楽曲の音が千葉のスタジオにつながらない、というトラブルがありました。

しかも、司会の魚住りえさんが学生たちに教わりながら「西短MP学科さくら組」の曲で踊ってみる、という企画までありました。

スタジオのスタッフが慌ただしく対処してくれていましたが、私は出演者なので席に座っていないといけない。

福岡でも先生たちが、Zoomの設定を懸命に調整していましたが、学生たちは出演者なので、カメラの前から動けない。

時間がたっても音はつながりません。私はともかく、見ているしかできない学生たちは、きっと緊張したり焦ったりしているはず……。

ところが、モニターに映る学生たちはいつもと変わらない笑顔。ひとまず私は安心して収録を終えることができました。

収録後、話を聞くと、音が出ない、トラブルだ！　と感じた瞬間「いつも以上に笑顔で踊ろう」「いつも以上に大きく踊ろう」と、さらにやる気が出た、と言うのです。

まさかの事態！　こんなときこそ「Show must go on」。

いつもはそばにいる今木先生が画面の向こう。今日は同じ出演者。一緒に頑張りましょうね！

「Show must go on」

それは、一度幕が開いたら、最後まで何があっても演じ続けないといけない、という、世界中のエンターテインメント業界で最も大切にされてきた精神です。

私がずっと学生たちに伝え続けてきた言葉でもあります。くしくも番組内のトークで、その話をしたばかりでした。

学生たちは、私の教え通り、ピンチをこの精神で乗り越えてくれたのです。

また、テレビ局の収録でアクシデントがあるくらいなのですから、講義でもトラブルはつきものです。

「映画論」の講義で、音声機器の不具合で映像作品の音声が出なかったことがありました。

その日、取り上げていた作品は、チャップリンのサイレント映画（セリフなどの音声の入っていない映画）。サイレントとはいえ、音楽や効果音は入っている作品なのですが、このトラブルによって、全くの無音状態で観ることになったのです。

しかし逆に完全に無音であるからこそ、サイレント映画の素晴らしさが際立ち、学生たちにも貴重な感動体験となりました。

この回のテーマがサイレント映画だったから、音声なしでも奇跡的に成立した授業となり、「映画の神様が降りてきた！」と、思わず口をついて出たほど、私にとっても新鮮な体験でした。

これも「Show must go on」。

表も裏もない。対等な立場の役割分担があるということ

学科には、アイドル志望の学生だけでなく、女優、声優、歌手など、あるいは制作側で働くことなど、さまざまな夢を持った学生が集まっています。

その一員として学ぶ限りは、どのユニットにいても、チームワークを大事にしなければいけません。そこで重要なのが「役割分担」です。

私は意識的に、制作スタッフに対して「裏方」という言葉を使わないようにしています。照明、音響、撮影、ヘアメイクなど、すべてのスタッフは、プライドを持って自分の仕事にたずさわっています。

本来、「裏方」という言葉は、「舞台の裏側で働く人」という意味合いで、悪い言葉ではありません。しかし、経験の浅い出演者側の学生たちが、演者である自分たちが「表」で、スタッフが「裏」であるという感覚を持ってしまうことを避けたいのです。

学科にも、出演者側のたくさんのユニットと並んで、制作側の仕事を担当する制作チームがあります。そこには「表」も「裏」もなく、対等の「役割分担」があるのです。

あの日、あの講義は、もう二度と戻らない

ある日、多くの学生がそろって私の講義を休んだことがありました。体調不良の学生や、事情のある学生もいましたが、友だち同士でどこかに出かけたのだろう、と思わせるような休み方の学生も多くいました。その翌週、私は注意しました。「怒る」というのとは違う。ただただ、残念な気持ちを話しました。

一生に一度限りの機会という意味の「一期一会」という言葉は、人との出会いについてよく使われますが、講義も「一期一会」。あの日のあの講義はもう二度と戻ってこないのです。

「そもそも、私がこうして福岡に来て、みんなと出会っているのも一期一会で、運命が違えば出会っていないんだよ」――学生たちにはそんなところから話しました。

先生たちは、学生のみんなに伝えたいことを事前に時間をかけて準備をし、心を込めて講義をしています。その日、この学科のその学年の学生たちに、その日の内容を教えられるのは、その一回しかありません。同じ講義は二度とないのです。

その一回限りの機会が永遠に失われてしまったことを、私のためではなく、受けなかった学生のためにとても残念に思うのです。

事情があって休むのは仕方がありません。特別な理由もなく休んだ学生たちにそのこと

をとがめるのでもありません。また、講義だけのことではありません。

人生のすべての出来事は一度限り。「その日、その時間は、もう二度とない大切な時間」ということを、ぜひ認識してほしいのです。

卒業公演は、次のステージへのステップアップ！

卒業前には卒業公演を行います。2年間の学びの集大成として、私がこの学科に着任した年に始めたイベントです。

「入学から卒業まで」の学生生活を、演劇作品として構成し、その中で、さまざまな要素をエンターテインメント性豊かな「ショー」に仕立てて、アイドルユニット、演劇ユニット、声優ユニット、シンガーユニットのパフォーマンスを、すべて披露できるようなストーリーにしています。

6月くらいから学生の脚本・演出チームと、構成作りからスタートして脚本を作っていきます。11月に脚本が完成し、配役を決めて読み合わせ。2月の本番に向けて練習を重ねます。

私はプロデューサーとして、企画・構成・脚本・演出など全体を指導する中で、あらゆる面で自分がこれまでの人生で身につけてきたことが活かされ、学生たちの成長に役立っているという喜びを感じています。

メディア・プロモーション学科すべての活動が凝縮した卒業公演で学生生活を締めくくり、学生たちは次のステージへステップアップしていくのです。

「卒業公演」
今Pをモデルにした先生役も登場。

今木ゼミの学生レポート

「ドラマ制作は大変でした。やめてしまいたいと思ったこともありました。それでも6人の個性豊かなメンバーと長い期間をかけて気持ちをぶつけながらひとつの作品を完成させることができて良かったです。私にとって一番成長できた時間だったと思います。

作品に関わることには相当な覚悟が必要だと知りました。実力があるだけでもだめで、いろんな人としっかりコミュニケーションを取りながら全体を前向きにする力も必要だと知りました。大変で悩んだこともあったけど一番大切なことに気づけました。

この先、どんなトラブルがあっても『Show must go on』の精神で表現と向き合います。今木ゼミで、芸能界を目指している人全員が経験したほうがいいだろうなと思える、自分の財産になる経験ができました。今木ゼミで本当に良かったです」

「ドラマ制作は大変だったけど、制作の気持ち、役者の気持ち、両方の気持ちを改めて知ることができました。

ショートドラマを作るのにこれだけ大変だから、ドラマや映画を作るのはもっとたくさんの時間とたくさんの人たちでできているんだと改めて感じました。

今木先生からのアドバイスも活かしてドラマ制作ができたので、仕上がりが本当に楽しみです。

今木ゼミで見てきた映像作品もとても好きでした！　毎週、今木先生の授業がとても楽しくて幸せでした。今木ゼミで本当に良かったなと思います」

「今木ゼミで欠かせないものといえば『Show must go on』。この言葉で何度も救われました。一度始まったらショーを止めてはいけない。卒業してからもこの言葉と一緒に頑張ります。

ドラマ制作は、つらいことも、あきらめたいときもたくさんありました。でも、今木先生はプロとして全力で応援してくれたし、『Show must go on』の言葉があったから、今日まで頑張ることができました。

私を今木ゼミに入れてくれてありがとうございました。今木ゼミに入れて幸せです！」

福岡発！拡大する「アイドル力」

第3章

『アイドル力』がつないでくれたご縁

福岡は素晴らしい街です。

食べ物もおいしいし、海も山も美しい。何よりも、ここに暮らす人が、若い人も、年配の人もみんな元気で温かいのです。

全国的に東京を除く都市部の人口が減り続けている中、福岡は人口増加数、人口増加率ともに、政令指定都市の中で1位に輝いており、**成長し続けている街**なのです（令和2年国勢調査、平成27年からの比較による）。

私の実感でも福岡を拠点にしているクリエイターや制作会社は増えており、天神の街も開発が入り、まだまだ進化しています。

前作の出版後、さらに多方面での交流も深まり、ますますこのポテンシャルの高い都市・福岡に愛着が湧くようになりました。

私はもともと福岡にはご縁がありませんでした。そのため『アイドル力』の出版で、福岡の方たちにどう受け入れてもらえるのか、少し不安もありました。

ところが、福岡の方たちが好意的に受け止めてくださったのです。これは本当に嬉しかった。

「ちゃんと福岡のことが書かれている」

「地元の人では気づかないことがわかる」

と、たくさんのお言葉をいただきました。

さらに嬉しかったのは、福岡に限らず、他県の書評などでも、「福岡のエンターテインメント業界がわかる」と、多数紹介してくださったことです。

また著者として、タレントさんや音楽プロデューサーなど福岡のエンターテインメント業界で活躍する方々とのご縁も、さらに広がりを見せています。

福岡気質、九州魂の著名人たち

西日本短期大学は福岡県福岡市にあります。福岡 PayPay ドームのすぐそば。海も近くにあるいいところです。

福岡は、はるか昔から海外文化がいち早く入ってくる日本の玄関口で、外国との交流で成熟した文化に触れてきたことで、芸事に熱中したり新しいものをおもしろがったりする気質があります。

「博多どんたく港まつり」「博多祇園山笠」「筥崎宮放生会」といった伝統的な祭りが多く、福岡の人には、それらを大切にし一生懸命打ち込む情熱的な博多気質があります。

その土地柄の影響なのでしょうか。福岡はさまざまなエンターテインメントが盛んで、多くの有名なミュージシャンや俳優、コメディアンなどを輩出しています。

福岡から世界に発信しているクリエイターも多く存在しています。

私のように東京から福岡に移り住んで活動していると、東京で作り、東京から発信することがすべてではないこと、地方だからこそできるエンタメの形や発信のスタイルもあることを実感するようになりました。

ここでは福岡、九州からエンターテインメントを発信し、私ともご縁のある方々をご紹介しましょう。

Netflixドラマ『サンクチュアリ―聖域―』脚本家
九州から世界的ヒットを生みだす！

――脚本家　**金沢知樹**

【プロフィール】
１９７４年、長崎県出身。福岡市在住。お笑い芸人、構成作家を経て、脚本家、演出家に。映画『サバカン SABAKAN』の脚本・監督、TBSテレビ『半沢直樹』の脚本などを手掛ける。２０２１年、東京から福岡に拠点を移す。２０２３年、脚本を担当したNetflixドラマ『サンクチュアリ―聖域―』で、アジア圏最大級のコンペティション「Asian Academy Creative Awards」脚本部門日本代表に選出され、最優秀賞を受賞。

金沢知樹さんとは、西日本新聞から金沢さんについてのコメントを依頼されたことがきっかけでご縁ができました。ヒットコンテンツを九州で創出し、世界へ発信していらっしゃる金沢さんに、九州でエンタメ業界にたずさわるお気持ちや地域への思いなどを伺いました。

「ええかっこしい」の人が魅力
「九州っておもしろい」を発信

今木：先日、金沢さんが脚本・総合演出をされた『しゃーSHE彼女3』という舞台に、私の学科の学生で「西短MP学科さくら組」メンバーの森本凛風が出演させていただきました。ほかにもいろいろな形でご縁があって、今回やっとお会いできて、嬉しいです。東京から九州に戻ってこられて、福岡の地を選ばれたのは、何か理由があったんですか？

金沢：本当は地元の長崎に住みたかったんです。でも、横浜出身の妻が「アクセスのいい福岡なら」って。

　福岡には制作会社などに知人が多いですし、お笑い芸人時代の同期のゴリけんもいます。一時、構成作家として福岡の番組を持っていましたし。仕事をするにはたしかに長崎より福岡のほうが都合がいいようにも思いました。福岡は空港へのアクセスがよくて飛行機に乗りやすいので、東京に近い感じがします。

今木：エンタメをやっていくという点で、福岡はどうですか。

金沢：ぼくの一番の思いとしては、「福岡」というより「九州っておもしろい」と思ってもらいたいので、福岡に限らず九州を舞台にした作品を出していきたいですね。九州って温かいイメージの作品になりがちなんですが、サスペンスとかいろんな可能性があると思うんです。

今木：九州のどういうところが魅力ですか。

金沢：人じゃないでしょうか。ぼくは、熊本県にも大分県にも住んだことがあるのですが、ご飯もおいしいし、景色もいいけど、結局「人」に尽きると思います。

東京にもひとつのことに熱量を注ぐ面白い人はいるけれど、九州の几帳面すぎない人間性がいいですよね（笑）。洗練されているよりも、人として何かが欠けているような人間臭い感じが好きです。

今木：私も福岡に住んで4年くらいですけど、九州の人が好きになりました。魅力のある人が多い。

金沢：頑固な人も多いですよね。人のマイナスってプラスだと思うし、欠点のある人って魅力的。

　九州の男性は人前でいい顔ばかりする。ぼくも自分にお金がなくても人におごらせたことはないです。ええかっこしいなんです（笑）。

九州は心の負担が少なく いい環境でクリエイティブできる

今木：福岡は、発信する場所としていかがですか？

金沢：福岡しか知らなかったら、もしかしたら不便さを感じるのかもしれません。

　でも、一度でも東京や海外で仕事の人脈やルートを作れば、発信の場として九州は全く問題ない。作品の作り方はひとつじゃないから、今の時代、福岡で作っても世界に発信できるじゃないですか。東京の仕事を福岡で受けたり、東京の企業を巻き込んだり、東京発信の映画やイベントを連動させたりして福岡から発信することもできる。不便さはあまりないですね。むしろ、東京で作るのはもうダサいと思ってまして（笑）。

今木：「福岡でも何も不自由がない」というのはわかる気がします。福岡に住んでいることで、モノ作りへの影響はありますか？

金沢：ぼくは毎日、朝起きたら仕事場に行って、「40分間本を読んで、20分休んで、2時間脚本を書いて、20分休んで、40分映像を見る」という流れで、仕事は午前中で終わらせるんです。そういう当たり前の日常が、福岡にいるから実現しやすい、というのはあります。

東京にいると、「舞台見に来てよ」とか、いろんなお誘いがあるけれど、そういうことも、福岡ではないですし、毎日を平穏に過ごせています。

家賃も安いし、道路が広くて歩道がゆったり歩ける。ぼくは、道が狭くて人が多い街が苦手なので、毎日小さなストレスを感じないで過ごせるのは、モノ作りに影響あると思いますね。心の健康がいいものを作るといいますか。

東京だと、コンビニの店員さんもちょっとイライラしているように感じるときがあって。そこで買い物をすると、イライラが連鎖してしまう。その違いを感じます。

その点、九州は心の負担が少なく、いい環境でクリエイティブができていると思います。

今木：なるほど。ただ、ある程度の刺激もモノ作りに必要と感じることは？

金沢：10代20代の頃はそうでした。でもこの年になると、刺激が直接作品に反映されるわけではなくなってきた。むしろ、自分の内面や人間性が作品に出てしまうことのほうが多いです。なので、刺激が足りないからいいものが作れない、というのはもう違うと思います。

今木さんはどうですか？　違う職種に就かれたから、環境の変化が大きくて刺激がありそうですね。

今木：そういう意味では刺激だらけで若返っています（笑）。

九州の役者、制作者と、モノ作りをして世界へ発信

金沢：ところで、なぜこの対談にぼくを選んでくださったんですか（笑）？

今木：福岡で、この地の役者さん、制作者さんとモノ作りをして発信していらっしゃるところが、福岡で活動するクリエイターのお手本のように思いました。

テレビ朝日時代、ドラマの原作を探してドラマ化していたのですが、今、私の学科がやっているアイドル活動がドラマの原作になりそうなイメージがあって、金沢さんは、私にとってお手本なんです。私も、実現できるなら福岡でやりたいです。

金沢：今木さんはプロデューサーをされていて、能力もツテもあるからできますよ。57歳でこちらに来られたんですよね。なかなかできることではないですよ。違う土地に来て、新しいことにチャレンジするというのは。しかも今まで住んだことがない街で。

今木：損得勘定抜きで理想に向かって突き進む、ある意味「バカ」なところがあるのかも

しれませんね（笑）。

金沢：モノ作りに、「バカ」は必要ですよ（笑）。

若手を育てることで、九州を盛り上げる連鎖を作る

金沢：ぼくはずっと、下積み時代から「売れたい」という思いが強かったのですが、ここへきて、「売れるってなんだろう」と考えてみると、「収入」がすべてではない気がしてきました。毎月仮に1億円の収入があって家も車もなんでも買える人になったら、自分は毎日何をするだろうと考えてみると、やっぱり「朝起きて、40分本を読んで、2時間脚本を書いて、40分映像を見る」。それがぼくの考える「売れている」状態なんです。

それならすでに今できているので、1億円の収入はないけど、「そうか、今、自分は売れているんだ」と思ったんです。

しかも、「こういう作品を作りたい」「企業を巻き込みたい」というように、大風呂敷な企画も現実的にできるようになりました。

お金よりそういうことを実現できていることのほうが幸せです。

今木：それは最高ですね。今がベストですか？

金沢：いや〜、まだ若手を一人前にする仕事が残っています。ぼくの事務所に脚本を書く若い社員が3人いるんですけど、今もぼくの名前で仕事の依頼がくることが多いので、ゆくゆくは独り立ちさせて、彼らから搾取したいですね（笑）。

人を育てるのって一番難しいと思います。自分たちで作品を作らせることが一番早いと思うんですが、売り上げも任せてしまって、「150万円の利益が出るものを作れ」と言うと、考えてやっています。

常々若手には「次はお前らが下を育てるんだぞ」と言っていますが、その**連鎖が九州を盛り上げる**ことになると思っています。ぼく一代では無理なので。

今木さんの取り組み、すごくいいと思います。みんなの活動の「点」が「線」になって、**福岡も九州も盛り上がる**といいですよね。

今木：私も、自分の代で築いたものを次代に伝えるために先生という仕事に就いたので、学生たちにも次の連鎖を育んでもらいたいですね。

夢に向かって1日1行でも
書いたほうがいい！

金沢：今、忙しすぎて、せっぱ詰まった感じになってしまっているので、２０２４年は時間的な余裕を持ちたいと思います。もう少し腰をすえて、２年後３年後に何をするか考えたいです。今木さんもお忙しいですか？

今木：今は、時間的な余裕はないですが、でも、次の世代の若者を育成する仕事にやりがいを感じているので、この忙しさは苦ではないです。

金沢：今木さんも、２０２４年は脚本

を書かれてはどうですか？

今木：私と学科の活動がいつかドラマ化できるのでは、と話しましたが、実はこんな構想があるんですよ。（イメージ作品を挙げてドラマ化企画を話す）

金沢：素晴らしいと思います！　そういう作品を見て救われる人はたくさんいると思いますよ。

今木：私自身がそういう作品から力をもらってきたので、今度は力になれたら、とずっと温めているんです。

金沢：1日1行でもいいから書いたほうがいいですよ。
今木さんは、何歳で引退するか、考えたことはありますか？

今木：明日も生きているという保証はない、と、常に本気で思っているので、何歳で何をしたい、というのはありません。毎年学生が入学したら、「この学生たちが卒業するまで、あと2年は元気でいて全力で教えてあげたい」と入学式のたびに思っています。授業でも、一回一回の授業をもう二度とない貴重な時間と思って、一期一会の精神で学生と向き合っています。明日のことはわかりませんからね。

金沢：いや、まだまだ（笑）。

ぼくは『サバカン SABAKAN』が映画界で話題になって、『サンクチュアリ―聖域―』とこの2作品のおかげでようやくスタートラインに立てたと思っています。

クリエイターの旬は、「すごく才能がある人なら一線で活躍できるのが20年」、「凡庸な人なら10年」という、自分なりの考えがありまして、ぼくの尊敬する知人の花火師が「60歳で仕事をやめる」といつも言うのを聞いて、ぼくも今49歳ですが、65くらいで第一線を退きたいと思っています。いつもぼんやり10年先を考えながら、そんなことを想像しています。

今木：金沢さんも、まだまだこれからですね（笑）。

才能の地産地消を目指し
福岡をアジアに向けた「エンタメのハブ」に！

――FBS福岡放送　エグゼクティブ・プロデューサー　**鎌倉由和**

【プロフィール】

1965年福岡県北九州市出身。福岡放送制作部所属。チーフディレクター、演出、プロデューサー、チーフプロデューサーを経て、エグゼクティブプロデューサーに。『めんたいワイド』『福岡人志、』ほかローカル番組から、『ズームイン!!朝！』『24時間テレビ』『高校生クイズ』などの全国放送番組まで幅広く手掛ける。『いのち輝く時～最新不妊治療の現場から～』でギャラクシー賞テレビ部門奨励賞、民間放送連盟賞テレビ教養番組部門優秀賞を受賞。ドラマ『天国からのラブソング』でギャラクシー賞テレビ部門奨励賞、ATP賞テレビグランプリドラマ部門奨励賞受賞。

鎌倉さんとの出会いは、私の活動が紹介された西日本新聞の記事を見て連絡をくださったのがはじまりでした。ＦＢＳ福岡放送開局50周年記念スペシャルドラマ『天国からのラブソング』（金沢知樹氏共同脚本）の感想を聞かせてほしい、というご依頼でした。

『天国からのラブソング』は福岡が舞台の、実話を基にした作品で、「生きているとき、なぜ優しくできなかったのか」――見る人にそんな切なさを感じさせる、愛の物語。鎌倉さんがエグゼクティブ・プロデューサーを務められ、ＦＢＳが総力を挙げた感動のドラマでした。

『天国からのラブソング』
FBS の深夜番組『発見らくちゃく！』に届いた、どこにでもあるような依頼が想像を超える奇跡を呼ぶことに。事実を基に作られた感動のストーリー。主演の濱田龍臣さんはじめ、イッセー尾形さん、吉岡秀隆さん、市毛良枝さん、西尾まりさんなど、錚々たる出演陣。イッセー尾形さんは福岡県のご出身。

実はこの物語は、同局の人気バラエティ番組『発見らくちゃく！』に、視聴者から実際に届いた調査依頼が元になっています。『発見らくちゃく！』には、メディア・プロモーション学科の卒業生が、ＡＤとして鎌倉さんと同じ制作フロアで働いています。そんな偶然にも感慨深いものを感じました。

前作『アイドル力』も読んでいただき、感想やご自身のエピソードなどをお話しいただくなかで、私と共通点が多いことがわかりました。

鎌倉さんは、かつて東京のテレビ局でも番組制作をされていたことがあります。また、「10神アクター」（テンジンアクター）という男性アイドルグループを育成された経験もあります。さらに、過去には大病を患い、死に直面した経験もあったのです。

共通点の多さに、出会うべくして出会わせていただいたというご縁の深さを感じました。

「10神アクター」のアイドル育成時には、「東京ではなく、目指すはアジア」と話されています。福岡から文化を発信し続けている鎌倉さんに、福岡・九州のエンターテインメントについてお伺いしました。

アイドルは人を幸せにする
魔法を持っている

今木：現在の福岡のエンタメ界をどうご覧になっていますか？

鎌倉：数多の芸能人を輩出する芸能大国で、アイドル激戦区といわれる土地。残念ながら、その多くの才能ある人たちが福岡から流出しているのも事実です。その要因のひとつは、彼らが、地元福岡や九州のエンタメマーケットに「不足」を感じているからではないでしょうか。

　私たちテレビ局の制作者は、未来を担う「才能の地産地消」に取り組まなければいけないというのが、ひとつの課題だと考えています。今や、地上波に必ずしもこだわらず、ローカルテレビ局も、番組ソフトをネット配信などで世界に発信できる時代になりました。これは絶好のチャンスとも言えます。

今木：私の活動に興味を持っていただいたのも、その思いと関係がありますか？

鎌倉：今木さんは、学生アイドルユニットのプロデューサー・教授として、表方と裏方の目線を上手に併用して、**福岡発のエンタメ発信に新しいインフルエンス**を与えておられます。今後は福岡だけの活動にとどまらず、「新たな物語」を発明して全国に発信することで、さらなる新しい風を起こしてほしいです。

今木：そう考えるとわくわくしますね。

鎌倉：今木さんが立ち上げられた「コロナに負けない！　プロジェクト」は、コロナ禍で学生アイドルが社会にどんな貢献ができるのかを深く考えられていて、大学内にとどまらない非常に意義のあるトライであり、存在感がありました。

アイドル発掘・育成教授として、これからは社会をどう上手く挑発できるかが問われていると考えています。「地域あるある」や方言などのローカル性を利用しつつ、同じテレビマンとして「その世界観、そうきたか！」と驚かせていただきたいです。

今木：福岡放送も九州出身の男性アイドルグループをプロデュースされていますね。

鎌倉：弊社が取り組んだ「10神アクタープロジェクト」のように、これまで地元テレビ局が大手芸能事務所とタイアップしたケースはいくつかあります。ご当地発のアイドルとしてメディアへ露出し、新しい地域創生や社会貢献のあり方をも提案していくプロジェクトです。今木さんの活動にも同じようなメッセージ性を感じています。

今木：私の学科の学生たちの活動をご覧になった感想はいかがでしょうか？

鎌倉：「西短MP学科さくら組」のイベントやミュージックビデオを拝見していると、時間の経過とともに学生のみなさんがどんどん成長し、明らかに進化していると感じます。自分たちのことを「好きになってもらいたい」という意識を、弊社の『めんたいワイド』ご出演のときにも強く感じました。まばゆいばかりにキラキラしています。

今木：ありがとうございます。嬉しいです。こうした活動の次の課題について、ご意見いただければと思うのですが、いかがでしょうか。

鎌倉：学生さんたちが卒業したあとも、次はより大きな世界に挑戦するセカンドステージを見てみたい。テレビマンとしては、つい、そう考えてしまいます。営利を目的にしないメリットもありますが、エンターテインメントの感動の対価として、いい意味で、これまでの活動とこれからの活躍が「マネタイズ」できるような新しい展開になれば、たくさんの人が幸せになれるのではないでしょうか。

今木：なるほど。では最後に、「10神アクター」を手掛けられた鎌倉さんにとって、アイドルとは？

鎌倉：アイドルは人を幸せな気分にさせ、社会を豊かにできる「魔法」を持っていると確信しています。だからこそ、様々なアイドル活動を通じてファンのみなさんの「推す力」を引き出すタレント（能力）を蓄えなくてはなりません。

　そのためには私たち裏方も、次世代のタレント育成のために、多様なクオリティーコントロールをする役目と責任があります。

　福岡がアジアに向けたエンタメの「ハブ」（中心）になるためには、福岡ならではの独自性が必要になります。今後は、博多からわき起こった音楽ムーブメント「めんたいロック」のような地方独自の世界観を、アイドルの世界だけではなくエンターテインメント界全体が欲しているような気がしてなりません。

ネガティブな要素の多い世の中だからこそ、アイドルという存在をフックに、より良質なソフトをクリエイトする仕掛け作りを考えていきたいですね。

今木：そうですね。エンタメ都市・福岡をもっともっと元気にしていきましょう。

熊本・山鹿の祭りを描いた初監督作品で世界の最優秀初監督賞や映画賞を受賞！

——脚本家・映画監督　**木庭撫子**（こば・なでしこ）

【プロフィール】
１９６７年生まれ愛知県名古屋市出身。倉本聰主宰の『富良野塾』5期生として北海道で脚本を学ぶ。22歳から名古屋のテレビやラジオ番組で放送作家として活動を始め、その後上京。朝日新聞や雑誌などでライター経験を積み、脚本家に。ＴＢＳ『陰の季節』でＡＴＰ賞、放送文化基金賞などを受賞。現在もEテレ『おかあさんといっしょ』日本テレビ『箱根駅伝』に放送作家として制作にたずさわる。２０２１年、熊本県山鹿市へ移住。２０２３年、初監督作『骨なし灯籠』を完成。海外の映画祭で数々の賞を受賞。国内では２０２４年公開。

木庭さんとは、東京でテレビドラマの脚本家として活躍されていた当時から親交があります。作品としては実現しませんでしたが、一緒にドラマの企画を作ったこともありました。東京で活動したのち、出身地ではない九州でエンタメを発信されるに至った点など、多くの共通点を感じています。

木庭さんは、ご主人のご実家のある熊本県山鹿市に移住され、古民家に住まいながら、現在も全国区の番組にたずさわり、活躍されています。

山鹿地方に伝わる祭り「山鹿灯籠まつり」を題材とし、オール山鹿ロケを敢行した映画『骨なし灯籠』を初監督。この作品で、木庭さんは、カナダの「トロント国際女性映画祭」で最優秀初監督賞を受賞。アメリカで毎月発表される「ロサンゼルス映画賞」で最優秀初監督賞など3部門を受賞し、さらに、オランダの「チネチッタ国際映画祭」では観客賞で第3位を獲得するなど、華々しい功績を挙げておられます。

オランダの映画祭に行かれて、現地の大勢の映画関係者たちと交流されたり、国内でも映画を広めようと精力的にあちこちへ動いておられ、非常にエネルギッシュで、その活動には刺激を受けています。

『骨なし灯籠』は、人の死について考えさせられる、いのちと再生の物語。プロデューサーは元テレビマンである木庭さんのご主人です。お二人とも大切な方の死に直面した経験があり、そのことが、生き残った者の思いとして作品に生きているのでしょう。

「熊本を拠点に長編映画を創るということは想像以上に予算が必要でした」

と語る木庭さんは、クラウドファンディングで支援者も募りながら、完成までこぎつけられました。

有名な俳優でなく、地元熊本やご自身も学んだ富良野塾出身の俳優が出演しています。大手の映画会社の映画のように全国一斉にロードショーが決まっている作品ではないので、上映交渉も、各地の映画館（ミニシアター）を周って直接交渉されています。

そのように制作も販促も工夫と努力で作りあげた作品が、海外の複数の映画祭で賞を受賞されたのです。本当に素晴らしいものは、どんな地域から発信しようと、たとえ低予算でも、認められるものなのだと、改めて教えられました。

山鹿灯籠まつりは、毎年8月15・16日に開催される熊本県を代表する祭りのひとつで、木庭さんから誘っていただき、私も妻と訪れたことがあります。和紙でできた金色の灯籠を頭にのせた、およそ１０００人もの女性たちがやぐらの周りで踊る様子は、とても幻想的。「山鹿灯籠民芸館」で私も灯籠を頭にのせて写真を撮ったのですが、想像よりはるかに軽くて新鮮な驚きでした。

木庭さんとは、東京で出会ったときからお互いにすっかり境遇が変わった今も、仲良くしていただいてます。

「今の今木さんは、わたしが一緒に仕事をしていたときの姿とはかけ離れていて、正直驚きました。ドラマの演者にアイドルはいても、アイドルそのものの活動をプロデュースするなんて！」

実は、一度、西日本短期大学まで私を訪ねてきてくださったことがありました。

「聡明さを誇示しない控え目でジェントルな方だから、学生さんたちにもきっと慕われる良い先生だろうな、と確信していました。実際、学生さんたちを指導するときの今木さんの生き生きとした表情を見たとき、ハッとしたのを憶えています。『大学の先生』はぴったりですね」と木庭さん。

「アイドルを育てることは、ひとつのドラマをプロデュースすることと、実は似ているのかもしれません。脚本家と物語を構築し、演出家と場面を演出するプロデューサーの仕事は、『いかにそのドラマを面白くするか』に尽きますが、今木さんはドラマプロデューサーとしてのキャリアを活かして『いかにアイドルを美しく育てるか』に注力なさっているんですね」

　学生たちを育成する私の姿勢を、言葉なくして感じ取ってくださっていて、とても嬉しく思っています。現在交流があることにも、

「培った経験や知識やさまざまなノウハウを、同じ時期に、同じ九州で、人生の第二ステージに注ぎ込んでいる。ご縁を感じます」

　と話してくださいました。

　私も同じ思いです。木庭さんのエネルギーに元気をもらいながら、私もますます今の活動に全力を尽くそうと思っています。

『骨なし灯籠』脚本・監督・編集：木庭撫子　プロデューサー：木庭民夫　出演：水津聡、まひろ玲希ほか（国内では熊本 Denkikan で 2024 年 3 月 22 日より先行上映）

「世界の行定監督」が、西短MP学科で特別講義
地元熊本の復興にも尽力される名監督

——映画監督　行定勲

【プロフィール】
１９６８年熊本県熊本市出身。専門学校在学中に映像制作会社に入社。林海象監督『我が人生最悪の時』や岩井俊二監督『スワロウテイル』などで助監督を務め、97年『OPEN HOUSE』で初監督。『ひまわり』で釜山国際映画祭国際批評家連盟賞、『GO』で日本アカデミー賞最優秀監督賞、『パレード』『リバーズ・エッジ』でベルリン国際映画祭国際批評家連盟賞を受賞。ほか、『世界の中心で、愛をさけぶ』や、２０２３年『リボルバー・リリー』など数々の大ヒット作を生み出している。

２０２３年7月27日、西日本短期大学メディア・プロモーション学科に、行定勲監督をお招きし、私の講義「映画論」の特別ゲストとして、「映画『リボルバー・リリー』から

見る『映画論』」と題した特別講義を行っていただきました。

この講義は、私がテレビ朝日に勤めていた時代から築いた東映の宣伝担当の方とのご縁と、その方と行定監督との古くからのご縁がつながって、実現したものでした。行定監督の豊富な映画体験に基づく講義は、エンターテインメントの世界を目指すメディア・プロモーション学科の学生たちにとって、とても貴重な学びの場となりました。

講義後の質疑応答で、「西短ＭＰ学科さくら組」メンバーの学生が、行定監督に「女優にとって必要なものはなんだと思いますか？」と質問をしたところ、「知性です」と即答。私も常日頃から学生たちに「エンターテインメントの世界を目指すには実技だけでなく教養が必要」と教えているので、「やはり、そうですよね！」と深く共感していました。

知性や教養がなぜ必要なのか、それは周りの言葉を理解するためだと思います。

演者に付けられる演技指導、そこに込められた監督の意図、原作者の想い、脚本に書かれていることの背景にある社会や歴史についての考え方など、一つの物語の舞台を形作るそれぞれの立場の考えを受け取るためです。周りの言葉の意味を理解した上で、自分に求められているものは何か、できることは何か、どう表現するのか、考えて行動するために

「知性や教養」という土台は必要不可欠なのです。
私はプロデューサーとして多くの演者を見てきて、このことを体感してきました。行定監督の即答を聞いたとき、改めてその大切さを実感したのでした。

世界で活躍する行定監督ですが、ご出身は熊本県。子どもの頃、黒澤明監督が好きなお父さんに連れられて、熊本城で行われた『**影武者**』の撮影現場を見に行ったことがきっかけで映画の世界を目指されたそうです。このときの独特の緊張感や熱気が自分の原点だ、とのちに話しておられます。

そんな熊本城を中心に、オール熊本ロケで２０１５年に撮影を開始した『うつくしいひと』は、**高良健吾**さんや**橋本愛**さんなど、熊本出身の俳優陣も多く出演されたラブストーリーで、地域創生への思いが込められた作品でした。
しかし公開直後の２０１６年４月、熊本が最大震度７の大地震に見舞われ、街は甚大な被害に遭いました。普段、東京を拠点にしている監督ご自身も、この日は仕事で熊本におられ、大きな揺れのあと、停電で真っ暗闇の中、窓から外を見ると、熊本城の石垣が土埃をあげて崩れていく様を目の当たりにしたそうです。

地震の前の美しい熊本城や町並みが映し出されている『うつくしいひと』の映画の力を積極的に復興に役立てたいとチャリティー上映などを重ね、さらに、「いつかこの頃の美しい熊本を取り戻そう！」という思いも新たにされ、続編の『うつくしいひと　サバ？』の制作に取りかかります。続編では、被災地でも撮影を行い、震災後、たくましく立ち直る人々や街の様子が描かれています。

その後「映画で熊本を元気にしてほしい」という当時の熊本市長からの声もあり、「くまもと復興映画祭」を立ち上げ、ディレクターに就任します。熊本城二の丸広場で行われた開会式には、高良健吾さんや森高千里さんほか、熊本出身の多くの著名な方が駆けつけ、『うつくしいひと　サバ？』も上映されました。

のちに、『うつくしいひと』シリーズのスピンオフとして、震災当日の人々の絆を描いた『いっちょんすかん』も公開。地元の方には行定監督の熊本３部作の１作として、大変喜ばれています。

以降、現在も毎年「くまもと復興映画祭」が開催され、映画の力で熊本の復興を応援し続けています。

故郷熊本をとても大切に思い、**映画の力で地元を元気に**したいと活動する行定監督の姿勢には、私も深く学ばせていただき、九州の地での若者の育成とエンタメ発信をさらに進めるパワーをいただきました。

特別講義のあと、行定監督と記念撮影。世界的に活躍する監督とご一緒に講義できて、学生より私が興奮していたかもしれません。

第4章

アイドル力の未来

未来に向けて一歩一歩

これまで地道に活動してきた結果、大学でアイドルを育て地域に貢献する活動が、徐々に人々に知られるようになってきました。

国税局や財務省・福岡財務支局など公共機関からのご依頼をいただいたり、他大学のアイドルユニットからコラボレーションのお誘いを受けたり、様々なご依頼などをいただけるようになってきました。地元のラジオ番組では、学生が出演するレギュラーコーナーを持たせていただくようにもなりました。

地域にさらに役立つ活動ができないか。現在から未来へ向けてさらに何かできないか。

これからも未来に向けて一年、一年、大切に積み重ね、次の世代に受け継いでいきたい。

そんな、地方創生に役立ち、未来につながる活動の一端をご紹介します。

久留米大学のアイドルユニットとコラボレーション

国の重要無形文化財「久留米絣」の魅力を伝えるために、久留米大学法学部の学生で結成された学生アイドルグループ「絣藍ドル・あいくる」が、指導者・前田俊文教授とともに本学を訪ねて来られ、そこから交流が始まりました。

その後、久留米大学の法学特殊講義として、「アイドルの魅力、地方からのエンタメ発信の可能性」をテーマに、学生２００名を前に講義を行わせていただきました。

久留米大学法学部は、久留米絣をＰＲする地域連携イベント「絣フェ

今P×前田教授、
「絣藍ドル・あいくる」×「西短 MP 学科さくら組」、
初のコラボレーション！
これからも仲良くしてね♪

スタ」を毎年開催しています。そこへも、「地域アイドルの競演」として「西短ＭＰ学科さくら組」を招待していただきました。今後もつなげていきたい**地域間連携活動**です。

九州大学のアイドルサークル「湊坂46」と共演

『アイドル力』の「大ヒット記念ライブ」を、九州大学伊都キャンパスすぐそばの、「九大伊都　蔦屋書店」で開催しました。

　福岡だけでなく九州を代表する九州大学にも、「湊坂46」というアイドル活動をしているサークルがあり、この日、ゲストとしてご出演いただきました。このように**大学間交流**を広げることも、地域の未来につながることだと考えています。

福岡国税局ＰＲ動画

　福岡国税局のご依頼で「西短ＭＰ学科さくら組」出演の確定申告ＰＲ動画を制作。博多駅の目立つ位置の大きなデジタルサイネージ（電子看板）や、福岡・長崎などの各所で上映されました。

　自分たちの活動が公共のためになり、大勢の人に見てもらえるというのは、学生たちにとって大きなモチベーションになりました。この動画は国税局内でも好評だったとのことで、翌年もご依頼をいただきました。２０２４年２月から３月にかけて、博多駅や福岡・佐賀・長崎などの各所で上映されます。

「博多どんたく」パレード出演

「福岡市民の祭り 博多どんたく港まつり」は、観客動員数２００万人を超える、福岡三大祭の一つ。わが学科も伝統的にパレードに参加しています。

福岡で生まれ育った学生たちにとっては、子どもの頃から家族や友だちと一緒に、毎年沿道で見てきたお祭りのパレード。そこに参加できたのは、嬉しさもひとしおのようです。

今回、入学したばかりの１年生からこんな言葉が出ました。

「演舞台にも出たい」

お祭りの２日間、街のあちこちに大小の「演舞

台」が設置され、様々なジャンルのステージが楽しめます。福岡ご当地アイドル「博多ORIHIME」も、2日間、各所の演舞台で、精力的にライブを行っています。

メディア・プロモーション学科は、パレードには参加してきましたが演舞台に出演したことはありませんでした。実現できるかはまだわかりませんが、自主的に「したい」と言ってきてくれる学生の気持ちは大事にしたく、福岡の祭りの盛り上げにもっと貢献できれば嬉しいことです。

子どものころから見ていたお祭りに参加できるなんて感激！

お客さんに手が届きそう。緊張するけど、なんだか楽しい。

ナレーターなど声の出演でも活躍

授業でナレーションやアフレコなどを学んでいるため、声の出演依頼も増えています。財務省・福岡財務支局の財政教育動画『日本の財政を考える』のナレーションや舞鶴公園の園内放送用アナウンスなど、地域の公的機関からもご依頼いただいています。さらにパフォーマンス力を高めて、地域振興の役割を果たしていきたいです。

観客は目の前！　商店街でステージデビュー

学校からすぐそばの唐人町商店街のイベントにたびたび呼んでいただけるようになりました。

特に、２０２３年５月のSDGs啓発イベント「ごみゼロマルシェ」は、新たに発足した第２の選抜チーム「西短ＭＰ学科さくら組【チームさくらんぼ】」初の外部イベント出演となりました。

４月に結成してまだ一か月で、全員が外部イベントは初体験。しかし、元々表現する意欲の高い学生たちなので、しっかりとしたパフォーマンスで、最も身近な地域の活性化に貢献することができました。

この子たちもいつか西短に!?

西日本短期大学がある福浜校区の祭り「福浜まつり」に、「西短MP学科さくら組【チームさくらんぼ】」が出演しました。祭りが開催された福浜小学校は、西日本短期大学福浜キャンパスのすぐ隣に位置します。

地元の子どもたちや保護者の皆さんが多く訪れるので、特にこれから未来に向かって夢をつむいでいく子どもたちの中から、学生たちのパフォーマンスを見てアイドルに憧れたり、エンタメの世界に興味を持ち、いつか西短に入学して活躍してくれる子どもが育ってくれたら、と未来への夢がふくらみます。

ノリノリの子どもたち。今P、思わずパシャリ。

新曲『未来はきっと。』に込めた想い
MV制作ドキュメント

若者たちに幸せになってほしいという想いを込めた前作『しあわせになりたい！』に続く新曲を構想するにあたって、真っ先に心に浮かんだキーワードは「未来」。そこから、若者たちの明るい未来を願うコンセプトが生まれました。タイトルは『未来はきっと。』。

『未来はきっと。』コンセプト

世界がコロナに覆われて3年、先行きは依然として不透明で、さらに戦争などの不安定な国際情勢や、自然災害の激化、経済の停滞などによって、不安な時代が続いています。

しかし、いつの時代も若者たちは未来を信じ、それぞれの思い描く未来に向かって進んでいきます。

未来はきっと明るい！　未来はきっと楽しい！　未来はきっと夢が叶う！

前向きな若いエネルギーで不安感を吹き飛ばすような、力強くスケールの大きな楽曲で、未来に向かって前進する明るいパワーを届けたい。

脈々と受け継がれてきた祈り

そもそも、メディア・プロモーション学科のアイドルユニットが、毎年ミュージックビデオ（ＭＶ）を制作し始めたきっかけは、私がこの短大に赴任した２０２０年、コロナの流行が始まり、リモートの時代に突入したことです。外出することすらままならない中、私たちにいったい何ができるのか、皆が考えた時期でした。

せっかく入学したのに学校に来てはいけない。友だちにも会えない。そんな学生たちの状況から発想して、「はなれていても、そばにいる」をテーマに、直接会えなくても心でつながることで癒しを届けようと作った曲が、『miso soup』です。日常生活の象徴であるmiso soup ＝味噌汁には、「日常生活が1日も早く戻るように」という祈りを込めました。

そしてＭＶを制作し、公開しました。一人ひとり別々に撮影し、編集で合成して画面上ではみんなでそろって歌っています。世界中でアーティストやオーケストラなどが同様の手法で動画を発信していましたが、私たちも世の中を元気づけたい一心でした。

そこから、毎年ＭＶを制作し、公開する活動が始まりました。これまでのすべての楽曲に、それぞれ普遍的な祈りが込められています。

○第1作**『miso soup』**（2020年）：コロナとともに失われた普通の日常生活がまた戻ることを祈る**「癒やし」**の曲。
○第2作**『あかるいほうへ』**（2021年）：普通の日常が失われて不安な中でも、希望を失わず明るいほうを向こうという**「希望」**の曲。
○第3作**『しあわせになりたい！』**（2022年）：明るいほうにきっとあるはずの幸せを歌った**「幸せ」**の曲。
○第4作**『未来はきっと。』**（2023年）：未来へ向かって前進するパワーあふれる**「未来」**の曲。

学生たちへの思いがあふれ、広がっていき、世の中すべての人に伝えたい、そんな想いがすべての曲に脈々と流れています。

ボーカル選抜メンバーによる本格レコーディング

ＭＶを見ていると、二十数人が踊っているので、歌もみんなで歌っていると思われるかもしれません。しかし、全員がレコーディングをするのは学科としては現実的に難しいため、ボーカルオーディションを実施し、歌に自信がある学生の中から選抜します。審査の結果、今回は6人が選出され、全員が1年生という結果になりました。

レコーディング本番前に学内で仮レコーディングを行います。すると、いろいろと課題が見えてきます。

各メンバーが各パートの練習を重ね、いよいよレコーディング本番です。プロのアーティストがレコーディングに使用する本格的なスタジオで行いました。6人一度に歌うのではなく、別々に歌い、のちにミックスして1つにまとめてもらいます。

ただ、最初にミックスされた楽曲を聴くと、きれいにまとまりすぎていました。6人全員の歌声を美しく合わせすぎると、せっかく6人で歌っているのに、大勢で歌っている感じが出なくなります。

私選ばれるかな……最後まで残れるかな……私が歌いたい！

プロの指導を受けられて、いい刺激！

そこで、それぞれの個性を際立たせてほしいとお願いし、楽曲を仕上げていきました。

未来へ進んでいくイメージは「海」

コンセプトを「未来」と決めたときから、この曲のイメージは、「海」でした。

海をいく船は、まさに未来へ向かって進んでいくイメージ。船の進む先の海は**前途洋々たる未来**を象徴しています。

理想を言えば、大きな豪華客船で撮影ができたらよかったのですが、それは難しい。そこで海辺の砂浜で撮影することに決定しました。

ダンスの振付を担当する宮谷未知子先生にも、海のロケーションを活かした、

練習！　練習！　練習！　でもやっぱりダンスは楽しい！

未来へ向かっていくイメージを伝え、躍動感ある振付を考えてもらいました。

振付が完成すると、練習が始まります。まずはダンスの授業で練習して、夏休みには体育館で全体練習を重ねて、8月、9月の猛暑の中、ロケ地となる砂浜でも練習をして……何度も練習を重ねて本番を迎えます。

華やかな本番の裏で、ひすらコツコツと練習を繰り返し、積み上げていく。そんな学生たちの姿には、尊いものを感じます。

「未来の色」ってなんだろう？

衣装に命が吹き込まれる瞬間

衣装はプロの衣装制作の方にお願いしますが、まずは宮谷先生と衣装のイメージを話し合います。

宮谷先生はダンスの先生ですが、大学でデザインを専攻していてデザインセンスがあり、デザイン画を描く才能もある。私はプロデューサーとして衣装のイメージを伝え、具体化してもらいます。

前作の『しあわせになりたい！』のMVでは、「幸せの色」として黄色の衣装にし、好評でした。今回は、「未来の色」はなんだろう？　これは幸せの色より難しい課題でした。人に聞いても、千差万別だと思います。

　このとき思いついたのが、学科のイメージカラーのピンクでした。若者たちの未来をイメージするのに、ピンク色はとてもいい。ピンクにもいろいろあるけれど、学科のロゴの鮮やかなピンクでいきたい。

　ただ、ピンク一色ではなく、もう一色、白を組み合わせて、シンメトリーではなく、左右非対称なデザインにして、躍動感

いえ——い‼

が出るようにしました。

衣装が、撮影間近の８月にできあがってきました。ワクワクする瞬間です。マネキンではなく学生たちが着るとたんに生き生きとします。衣装に命が吹き込まれるのです。

みんなの若さやエネルギーが衣装を何倍にも素敵に見せてくれます。それが二十数人もいて、エネルギーが充満するような高揚感に包まれ、「未来の色」をこのピンクにしたのは間違ってなかった、と確信しました。

撮影初日
世界が祝福してくれているような快晴

そうして、迎えたＭＶ撮影初日。見事に快晴で、風もあまりなく、素晴らしい天気に恵まれました。

１日目の撮影は、「シーサイドももち海浜公園」

砂浜で踊るのは少し大変。でも気分は最高‼

で行いました。福岡でとても人気のある観光名所で、浜が白く美しく、福岡タワーもすぐそばのリゾート地です。

制作を担当してくださっている皆さんに、感謝の気持ちを込めて挨拶をすることから、撮影がスタートします。

この日は「西短MP学科さくら組」全員でピンクの衣装を着てサビ（曲の一番盛り上がる部分）のシーンを踊ります。

海の青、空の青、浜の白、衣装のピンク。カメラで撮ると、実際に目で見る以上に美しく、モニターを見た学生たちからも、「わー、きれいー」「すごいー！」と、歓声が上がりました。モニターに映る学生たちの姿は、私がイメージしていた、**明るい未来へ向かって進む若者たちの姿**そのものでした。

ドローンでも撮影しているので、人間の視点よりもずっと上から自分たちを見る映像も新鮮で、学生たちも感激していました。

暑さが厳しく、足元の不安定な砂浜で踊るだけでも体力を消耗する中、何度も繰り返し踊るので体調面も心配でしたが、無事、ダンスシーンの撮影を終えました。

現場を盛り上げるのもアイドルの役割

海辺では、メンバー全員が私服で戯れるシーンも撮影しました。波打ち際を走ったり、海の水をすくってかけ合ったり、まさに青春といったシーン。

撮り始めはメンバーの表情が硬く、動きもぎこちなかったのですが、だんだんふざけ合っているうちに表情もほぐれ、若々しい、いいカットが撮れました。

そのきっかけを作ったのが1年生の松本奈々でした。海辺に打ち上げられた大きな魚を棒で突っついている姿を見て、みんなが爆笑。和やかなムードに。

彼女は最後には着替えもないのに、笑いながら首まで海につかってしまい、一緒に盛り上がった2年生2人も、海に

私服で記念撮影。実はこのあと……。

どっぷりつかってしまいました。

海につかったところはMVには使っていませんが、エンターテインメントの現場では、その場を盛り上げることは重要な要素でもあります。

撮影2日目

4ユニットそれぞれの魅力を活かして

2日目は、西日本短期大学の福浜キャンパスで行いました。

はな組、かぜ組、ほし組、そら組の4ユニットが別々に踊る、サビ以外のシーンの撮影です。

衣装も、1日目とは異なり、各ユニットならではの衣装です。

各ユニットがそれぞれのチームの魅力を活かしたパフォーマンスを見せて順調に撮影は進み、2日間の撮影が無事終了しました。

「楽しそう」がパワーアップ

撮影の翌月、ＭＶを編集した初稿が、映像制作会社からあがってきました。ここからさらに編集作業を重ね、完成度を上げていきます。

今回、学科としては初の試みとして、「アニメーション効果」を取り入れました。

映像にはじけるようなポップなイラストを加えたり、ペンキが流れるような絵で場面が切り替わったり、学科のＭＶとしてはこれまで取り入れてこなかった効果ですが、今回の曲にとても合っていて、「未来」のイメージに合う楽しさが表現できました。

ミュージックビデオ完成！

『未来はきっと。』ミュージックビデオの公開に先立ち、「Spotify」や「Apple Music」などの音楽配信サービスで、楽曲が配信されました。

プロの楽曲と同じ舞台に立つわけですから、身の引き締まる思いがする瞬間です。

そして編集段階での様々な修正を経て、ＭＶが完成。YouTubeで公開しました。前作よりさらにクオリティが高くなったとの、嬉しい高評価をたくさんいただきました。

若者たちの明るい未来を願う想いが、皆さんに届きますように。

ミュージックビデオ学生レポート

Q1　MVを観た感想は？

「ポップでかわいい」

「映像がきれいでひきこまれる」

「ユニットごとのシーンがかわいい」

「カメラワークがすごい」

「暑い中たくさんがんばったな」

「いろんなエフェクトが使われていてかわいい」

「たくさんの方にたずさわっていただき、自分たちの力だけでは完成しないので、感謝の気持ちを忘れないようにしたい」

「アーティストとして出演できて感動」

Q2　自分なりに努力したこと、気をつけたこと

『未来はきっと。』未来を目指して、私たちは進む。

「笑顔で元気よく踊る」
「体調管理」
「踊るときの視線や姿勢」
「ずっと同じ笑顔ではなく、歌詞によって表情を変えられた」
「指先まで意識して踊った」
「手の高さや音に合わせた動きを周りと合わせた」
「日差しが強くてまぶしかったけど、笑顔で踊りきった」
「どこでカメラに抜かれるかわからないので、どのポジションにいても見られている意識を心がけた」
「うまくいかなくて落ち込んでいる人に声をかけるようにした」
「スタッフの方への感謝の言葉を大切にした」

『未来はきっと。』ミュージックビデオ

『未来はきっと。』音楽配信サービス

お互いを想い合う　その気持ちだけで
どんな壁も乗り越えられる

ありがとうとごめんねを繰り返してさ　これから先もっと

笑って怒って泣いて抱きしめて
不安はつきもの分け合ってゆこう
酸いも甘いも味わって
二人のストーリーいつまででも
Are you ready?　未来はきっと

疑うことより信じ合って　この先もずっと共に歩いて
何があっても大丈夫　ゆっくり進もう

弱いところも情けないところも　全部知ってる二人だから

笑って怒って泣いてぶつかって　真っ白な道を色付けてゆこう
つないだ手離さないでいて
二人のストーリーどこまででも
I'm ready！　未来はきっと

＜コーラス＞
12345 say year ！
23456 with you ！
Looking forward to the future.

未来はきっと。

つないだ手離さないでいて　二人のストーリーどこまででも
Are you ready?　未来はきっと

＜コーラス＞
12345 say year ！
23456 with you ！
34567 sing along ！

初めて出逢ったあの日　あれからいろいろあったよね

夜の海で咲いた花火　黄色の絨毯
ポケットの中でつないだ手

ひどい寝癖からおかしい寝言まで　これから先ずっと

笑って怒って泣いてぶつかって　真っ白な道を色付けてゆこう
つないだ手離さないでいて
二人のストーリーどこまででも
Are you ready?　未来はきっと

＜コーラス＞
12345 say year ！
23456 with you ！
34567 sing along ！

喧嘩した夜の涙
あの日から強くなったよね

「未来」に込めた想い

コロナなどの感染症の流行。世界各地での戦争。大地震。地球温暖化による水害や大火事などの気象災害……。

世界を見渡せば、明日をも知れない人々の姿が見えてきます。

たしかに、住む場所、食料、健康を維持するだけで精一杯の状況下では、エンタメどころではないのかもしれません。

しかし、エンターテインメントが果たせる役割は皆無なのかというと、私はそうではないと思います。

励まし、心を救うことができるかもしれません。生きる意欲をなくしかけた方に希望を与えられるかもしれません。

誰かに元気や笑顔、パワーやときめきを与える力。それがアイドル力とするなら、苦しいときこそアイドル力は必要なのかもしれません。

私が毎日向き合っている学生たちは、この時代を選んだわけではなく、この時代にたまたま生まれてきました。

「女優になりたい」「アイドルになりたい」「声優になりたい」「制作者になりたい」……それぞれいろんな夢をもって前向きに生きる学生たちの未来が、明るいものであってほしい。さらには、学生たちだけでなく、世の中の未来あるすべての人たちの未来が明るいものであってほしい。そんな気持ちから、新曲『未来はきっと。』は生まれました。

「きっと。」の「。」には、「きっと【明るい】」とか、「きっと【夢が叶う】」とか、「きっと【楽しい】」のような、聴いてくれる人それぞれの「きっと」があってほしい、という祈りを込めました。

たまたまこの時代に生まれて、精一杯生きているあなたに、ぜひこの想いを届けたい。

あなたなら「。」に、どんな想いを込めますか？

未来はきっと。

おわりに

西日本短期大学メディア・プロモーション学科で教鞭をとるようになり、丸4年が経とうとしています。4年前、私は横浜に妻を残して単身福岡で暮らし始めました。ほとんどご縁のない状態からです。けれどこうして日々仕事をしていく中で、多くの人に巡り会うことができました。

これまで出会えた学生たちや西日本短期大学の皆さんはもとより、福岡や九州で活躍する脚本家、映画監督、テレビ制作者など第3章でご紹介させていただいた方たちや、福岡で活躍されるタレントさん、音楽プロデューサーやマスコミの方々などです。

2023年2月に、『アイドル力』を発刊したことも大きな契機になりました。この本をきっかけに私に声をかけてくださる方がいたり、ご縁につながったこともあります。「刺激を受けました。自分も頑張らねば」とおっしゃってくれた人もいます。

こうして私が福岡でまいた種が少しずつ芽を出し、葉をつけていっているのを感じます。

もし57歳のとき病気をしなければ、どうなっていたかと考えることがあります。おそらくそのままテレビ局で働き続け、60歳で定年を迎え、その後も何らかの形でテレビ関係の仕事を続けていたでしょう。東京のテレビ業界で仕事が全うできれば、それはそれで素晴らしいことだったのかもしれません。

けれども私は病気をきっかけに生き方を変えました。自分が学んできたことを次の世代に伝えたい、次の世代の役に立ちたい。

明日も生きているという保証はないから、今、やらなければ

という覚悟が芽生えたのです。

東京のテレビの世界を離れたことにまったく後悔はなく、今、福岡でこうして若者たちに自分の経験や学びを伝えられていることに、幸せと充実感、そして生きがいを感じています。

20歳前後の学生たちに、私の思いは、すべては伝わらないかもしれません。それはある意味仕方がないと思います。それでも私は伝え続けたいのです。

人との出会い、出来事は一期一会、今この瞬間は二度と戻ってこないこと。

一日一日の積み重ねがいかに大切であるか。

今学んだことが、将来どれほど尊い経験になるか。

心身が元気で学べることが、どれほど幸せなことか。

人を幸せにすること、元気にすることの喜び。


そうした大切なことを、学生たちが私と接する中でくみ取って、これからの生き方に活かしてくれれば、こんなに嬉しいことはありません。


最後に……。

東京のテレビ局時代は、仕事が忙しく、自宅にも寝るためだけに帰宅するような日々を送っていました。そして今、大きな病気をしたのち、先生になって福岡に行きたいという私の思いを受け止め、今も横浜で私を支えてくれている妻には、心から感謝しています。

ありがとう。

【プロフィール】

今木清志　いまき・きよし

元テレビ朝日プロデューサー
西日本短期大学教授
メディア・プロモーション学科長

1962年生まれ。東京大学文学部フランス文学科を卒業後、テレビ朝日に入社。ドラマ番組プロデューサーとして『はぐれ刑事純情派』『土曜ワイド劇場』など、多数のテレビドラマを制作。

2020年、西日本短期大学メディア・プロモーション学科教授に着任。専門はメディア論。テレビドラマ論、映画論、ジャーナリズム論などを講義。

学科の学生アイドルのプロデューサーとして、アイドルユニット「西短MP学科さくら組」を結成。コロナ禍の中で学生アイドルが社会の役に立てることを模索し、「コロナに負けない！　プロジェクト」を立ち上げる。「西短MP学科さくら組」による学科オリジナル楽曲『miso soup』『あかるいほうへ』『しあわせになりたい！』『未来はきっと。』をプロデュースするなど、福岡からの積極的なエンターテインメント発信を続けている。

著者ホームページ

写真協力／西日本短期大学メディア・プロモーション学科関係各位
宇野綾夏
編　集／とうのあつこ・佐井亜紀
編集協力／石田美由紀
装　幀／洪十六
デザイン・DTP ／池田麻理子

アイドル力《りょく》 2

福岡発《ふくおかはつ》！　西短《にしたん》 MP 学科《がっか》が日本《にほん》をもっと元気《げんき》にする

2024 年 2 月 22 日　初版第1刷

著　者／今木清志《いまききよし》
発行人／松崎義行
発　行／みらいパブリッシング
〒 166-0003 東京都杉並区高円寺南 4-26-12 福丸ビル 6F
TEL 03-5913-8611　FAX 03-5913-8011
https://miraipub.jp　E-mail: info@miraipub.jp
発　売／星雲社（共同出版社・流通責任出版社）
〒 112-0005 東京都文京区水道 1-3-30
TEL 03-3868-3275　FAX 03-3868-6588
印刷・製本／株式会社上野印刷所

ISBN978-4-434-33419-1 C0030